조선총독부 편찬

초등학교 〈歷史〉교과서 번역(上)

A Korean Translation of Elementary School History Textbooks
Compiled by Chosun Government-General (Volume 1)

김순전 · 박경수 · 사희영 譯

제이앤씨
Publishing Company

普通學校國史 卷一

朝鮮總督府

普通學校國史 卷二

朝鮮總督府

≪총목차≫

1933년 『보통학교국사』권2

<序 文>

1. 조선총독부 편찬 초등학교 <歷史>교과서 번역서 발간의 의의

　본서는 일제강점기 조선총독부에 의해 편찬된 관공립 초등학교용 <歷史>교과서 『普通學校國史』卷一・二(1932-33, 2권), 『初等國史』第五・六學年(1944, 2권) 등 총 4권에 대한 번역서이다.

　교과서는 국민교육의 정수(精髓)로, 한 나라의 역사진행과 불가분의 관계성을 지니고 있기에 그 시대 교과서 입안자의 의도는 물론이려니와 그 교과서로 교육받은 세대(世代)가 어떠한 비전을 가지고 새 역사를 만들어가려 하였는지를 알아낼 수 있다.

　주지하다시피 한국의 근대는 일제강점을 전후한 시기와 중첩되어 있었는데, 그 관계가 '국가 對 국가'이기보다는 '식민자 對 피식민자'라는 일종의 수직적 관계였기에 정치, 경제, 사회, 문화, 교육에 이르기까지 일제의 영향을 배제하고는 생각하기 어렵다.

　이는 교육부문에서 두드러진 현상으로 나타난다. 근대교육의 여명기에서부터 일본의 간섭이 시작되었던 탓에 한국의 근대교육은 채 뿌리를 내리기도 전에 일본의 교육시스템을 받아들이게 되었고, 이후 해방을 맞기까지 모든 교육정책과 공교육을 위한 교과서까지도 일제가 주도한 교육법령에 의해 강제 시행되게 되었다. 그런 까닭에 일제강점기 공교육의 기반이 되었던 교과서를 일일이 찾아내어 새로이 원문을 구축하고 이를 출판하는 작업은 '敎育은 百年之

大系'라는 생각으로 공교육을 계획하는 국가 교육적 측면에서도 매우 중차대한 일이라 여겨진다. 이야말로 근대 초등교과과정의 진행과 일제의 식민지교육정책에 대한 실체를 가장 적확하게 파악할 수 있는 기반이 될 뿐만 아니라, 현 시점에서 보다 나은 시각으로 역사관을 구명할 수 있는 기초자료가 될 수 있기 때문이다.

지금까지 우리는 "일본이 조선에서 어떻게 했다"는 개괄적인 것은 수없이 들어왔으나, "일본이 조선에서 이렇게 했다"는 실례(實例)를 보여준 적은 지극히 드물었다. 이는 '먼 곳에 서서 숲만 보여주었을 뿐, 정작 보아야 할 숲의 실체는 보여주지 못했다.'는 비유와도 상통한다. 때문에 본 집필진은 이미 수년전부터 한국역사상 교육적 식민지 기간이었던 일제강점기 초등교과서의 발굴과 이의 복원 정리 및 연구에 진력해 왔다. 가장 먼저 한일 〈修身〉교과서 58권(J:30권, K:28권) 전권에 대한 원문서와 번역서를 출간하였고, 〈國語(일본어)〉교과서 72권 전권에 대한 원문서의 출간을 마무리하였으며, 일부는 번역서까지 출간한 바 있다. 또한 〈唱歌〉교과서의 경우 19권 전권을 원문과 번역문을 함께 살펴볼 수 있도록 대조번역서로 출간하였으며, 〈歷史〉와 〈地理〉교과서도 얼마 전에 원문서가 출간되었으며, 이에 대한 집중연구의 결과는 이미 연구서로 출간된 상태이다.

일제강점기 조선의 초등학교에서 사용되었던 〈歷史〉교과서 번역서 발간은 이러한 작업의 일환에서 진행된 또 하나의 성과라 하겠다.

한국이 일본에 강제 병합된 지 어언 100년이 지나버린 오늘날, 그 시대를 살아온 선인들이 유명을 달리하게 됨에 따라 과거 민족의 뼈 아팠던 기억은 갈수록 희미해져 가고 있다. 국가의 밝은 미래를 그려보기 위해서는 힘들고 어려웠던 지난날의 고빗길을 하나하나 되짚어 보는 작업이 선행되어야 하지만, 현실은 급변하는 세계정세를 따르는데 급급하여 이러한 작업은 부차적인 문제로 취급되고 있는 실정

이다. 과거를 부정하는 미래를 생각할 수 없기에 이러한 작업이 무엇
보다도 우선시되어야 할 필연성을 절감하지 않을 수 없는 것이다.

최근 일본 정치권에서는 제국시절 만연했던 국가주의를 애국심
으로 환원하여 갖가지 전략을 구사하고 있다. 물론 과거의 침략전
쟁에 대한 비판의 목소리도 있긴 하지만, 현 일본 정치권의 이같은
자세에 대해 더더욱 실증적인 자료 제시의 필요성을 느낀다.

이에 본 집필진은 일제강점기 조선인 학습자에게 시행되었던
<歷史>교과서 중 가장 특징적인 <歷史>교과서 4冊을 번역 출간
함으로써, 당시 <歷史>교육의 실상을 살펴볼 수 있도록 하였으며,
아울러 한국인 연구자들에게 언어의 장벽을 넘어서서 관련연구의
실증적 자료를 제시하고자 하였다.

2. 일제강점기 지리교육의 전개와 <歷史>교과서

1) 식민지 역사교육의 전개

한국 근대교육의 교과목에 공식적으로 <地理>와 함께 <歷史>가
편제된 것은 1906년 8월 공포된 <普通學校令> 제6조의 "普通學校
敎科目은 修身, 國語 및 漢文, 日語, 算術, 地理, 歷史, 理科, 圖畵, 體
操로 한다. 여자에게는 手藝를 가한다."(勅令 제44호)는 조항에 의한
다. 그러나 <普通學校規則>제9조 7항을 보면 "地理歷史는 特別한 時
間을 定치아니ㅎ고 國語讀本及 日語讀本에 所載한바로 敎授ㅎ느니 故로
讀本中 此等敎授敎材에 關교ㅎ야는 特히 反復丁寧히 設明ㅎ야 學徒의 記
憶을 明確히홈을 務홈이라." 규정되어있는 것으로 보아, 당시는 별도

의 시수 배정이나 교과서 편찬은 하지 않고 國語(일본어) 과목에 포함시켜 교육하고 있었음을 알 수 있다.

이러한 시스템은 강점이후로 그대로 이어졌다. 한국을 강제 병합한 일본은 한반도를 일본제국의 한 지역으로 인식시키기 위하여 '大韓帝國'을 '朝鮮'으로 개칭(改稱)하였다. 그리고 제국주의 식민지 정책 기관으로 '朝鮮總督府'를 설치한 후, 초대총독으로 데라우치 마사타케(寺內正毅, 이하 데라우치)를 임명하여 원활한 식민지경영을 위한 조선인의 교화에 착수하였다. 이를 위하여 무엇보다도 역점을 둔 정책은 식민지 초등교육이었다. 1911년 8월 공포된 〈朝鮮敎育令〉 全文 三十條는 데라우치의 조선인교육에 관한 근본방침이 그대로 담고 있는데, 그 요지는 '일본인 자제에게는 학술, 기예의 교육을 받게 하여 국가융성의 주체가 되게 하고, 조선인 자제에게는 덕성의 함양과 근검을 훈육하여 충량한 국민으로 양성해 나가는 것'이었다. 교과서의 편찬도 이의 취지에 따라 시도되었다.

그러나 강점초기 〈歷史〉 및 〈地理〉과목은 이전과는 달리 교과목 편제조차 하지 않았다. 당시 4년제였던 보통학교의 학제와 관련지어 5, 6학년에 배정되어 있는 과목을 설치할 수 없다는 표면적인 이유도 있었지만, 그보다는 강점초기 데라우치가 목적했던 조선인 교육방침, 즉 "덕성의 함양과 근검을 훈육하여 충량한 국민으로 양성"해 가는데 있어 〈歷史〉과목의 중요성이 부각되지 않았던 까닭으로 보인다. 때문에 강점 초기에는 〈歷史〉에 관련된 일반적인 내용이나 국시에 따른 개괄적인 사항은 일본어교과서인 『國語讀本』에 부과하여 학습하도록 하였던 듯하다.

일제강점기 초등교육과정에서 독립된 교과목과 교과서에 의한 본격적인 역사교육은 〈3·1운동〉 이후 문화정치로 선회하면서부터 시작되었다. 보통학교 학제를 내지(일본)와 동일하게 6년제로 적용하게 되면서 비로소 5, 6학년과정에 주당 2시간씩 배정 시행되게 된 것이다. 이러한 사항은 1922년 <제2차 교육령> 공포에 의하여 법적 근거가 마련되게 되었다. 이후의 <歷史>교육은 식민지교육정책 변화에 따른 교육법령의 개정과 함께 <歷史>과 교수요지도 변화하게 된다. 그 변화 사항을 <표 1>로 정리해보았다.

<표 1> 교육령 시기별 <歷史>과 교수요지

시기	법적근거	내용
2차 교육령 (1922. 2. 4)	보통학교규정 13조 조선총독부령 제8호 (동년 2.20)	- 日本歷史는 國體의 대요를 알도록 하며, 그와 함께 국민으로서의 지조를 기르는 것을 요지로 한다. - 日本歷史는 我國의 初期부터 現在에 이르기까지 중요한 事歷를 가르치며, 朝鮮의 變遷에 관한 중요한 史蹟의 대요도 알도록 해야 한다. - 日本歷史를 가르칠 때는 될 수 있는 대로 그림, 지도, 표본 등을 보여주어서 아동이 당시의 실상을 상상하기 쉽도록 한다. 특히 「修身」의 교수사항과 서로 연계되도록 해야 한다.
3차 교육령 (1938. 3. 3)	소학교규정 20조 조선총독부령 제24호 (동년 3.15)	- 國史는 肇國의 유래와 國運進就의 대요를 가르쳐서 國體가 존엄한 까닭을 알도록 하며, 황국신민으로서의 정신을 함양하는 것을 요지로 한다. - 심상소학교에서는 조국의 체제, 황통의 무궁함, 역대 천황의 성업, 국민의 충성, 현재의 사적, 문화의 진전, 외국과의 관계 등을 가르침으로써 國初부터 現在에 이르기까지 國史를 일관하는 국민정신에 대한 사실을 알도록 해야 한다. - 고등소학교에서는 전 항의 趣旨를 넓혀서 특히 근세사에 중점을 두어 이를 가르치고, 세계 속에서 我國의 지위를 알도록 해야 한다. - 舊史를 가르칠 때는 헛되이 사실의 나열에 흐르는 것 없이 항상 그 정신을 중시해야 한다. 또한 가능한 한 그림, 지도, 표본 등을 제시하고 위인들의 언행 등을 인용하여 아동이 깊은 감명을 받도록 하며, 특히 「修身」의 교수사항과 서로 연계되도록 해야 한다.
국민학교령 (1941. 3) 4차 교육령 (1943. 3. 8)	초등학교규정 6조 조선총독부령 제90호	- 國民科의 國史는 我國의 역사에 대해 그 대요를 이해시키도록 하며, 국체가 존엄한 바를 體認하도록 하고, 황국의 역사적 사명감을 자각시키는 것으로 한다. - 초등과는 조국의 宏遠, 황통의 無窮, 역대 천황의 성덕, 국민의 충성, 거국봉공의 史實 등에 대해서 황국발전의 발자취를 알도록 하며, 국운의 隆昌, 문화의 발전이 조국의 정신을 구현하는 바를 이해시키도록 해야 한다. 또한 여러 외국과의 역사적 관계를 분명하게 하고 동아시아 및 세계에 있어서 황국의 사명을 자각하도록 해야 한다. - 고등과는 그 정도를 높여서 이를 부과해야 한다. - 헛되이 사실의 나열에 치우치지 말고 國史의 시대적 양상에 유의하여 일관된 조국의 정신을 구체적으로 感得·파악하도록 해야 한다. - 內鮮一體에서 유래하는 史實은 특히 유의하여 이를 가르쳐야 한다. - 연표, 지도, 표본, 회화, 영화 등은 함께 이를 이용하여 구체적·직관적으로 습득할 수 있도록 해야 한다.

위의 교육령 시기별 〈歷史〉과 교수요지의 중점사항을 살펴보면, 〈2차 교육령〉 시기는 역사교육 본연의 목적인 "일본의 事歷과 朝鮮의 變遷에 관한 중요한 史蹟의 대요"와 함께 "국세의 대요 이해"에, 〈3차 교육령〉 시기에는 이에 더하여 "肇國의 유래와 國運進就의 대요로서 國體의 존엄성과, 황국신민으로서의 정신을 함양"에 중점을 두었다. 그리고 공히 「修身」과목과의 연계성을 강조하였다. 한편 태평양전쟁을 앞두고 전시체제를 정비하기 위해 〈국민학교령〉을 공포 이후부터는 〈修身〉〈國語〉〈地理〉과목과 함께 「國民科」에 포함되어 "조국의 宏遠, 황통의 無窮, 역대 천황의 성덕 등 황국의 발자취에 대한 이해", "황국의 역사적 사명감의 자각"에 역점을 두었으며, "內鮮一體에서 유래하는 史實에 대해서는 특히 유의할 것"이라는 사항이 부과되어 〈4차 교육령〉 시기까지 이어졌다.

2) 일제강점기 〈歷史〉교과서와 교수 시수

식민지 초등학교에서의 본격적인 〈歷史〉교육은 1920년대부터 시행되었다. 그러나 당시는 교과서가 준비되지 않았기에, 일본 문부성에서 발간한 교재와 2권의 보충교재로 교육되었다. 다음은 일제강점기 〈歷史〉교과서 발간사항이다.

<표 2> 일제강점기 조선총독부 〈歷史〉교과서 편찬 사항

순서	교 과 서 명	발행년도	분 량	사용시기	비 고
①	尋常小學國史補充教材 卷一	1920	38 (各王朝歷代表 8, 年表 4)	1920~1922 (1차 교육령기)	문부성 교재에 더하여 조선 관련사항을 이 보충교재로서 사용함
②	尋常小學國史補充教材 卷二	1921	42 (李氏朝鮮歷代表 2, 年表 8)		
③	普通學校國史 兒童	1921	179 (御歷代表4, 本文171, 年表4)	1931~1936	문부성 교재와 절충

	用上				하여 새로 발간
	普通學校國史 兒童 用 下	1922	175 (御歴代表4, 本文163, 年表8)	(2차 교육령기)	
④	普通學校國史 卷一	1932	169 (御歴代表4, 本文 161, 年表4)	1937~1939	1927년 개정된 <보 통학교규정> 반영
	普通學校國史 卷二	1933	148 (御歴代表4, 本文 136, 年表8)		
⑤	初等國史 卷一	1937	187 (御歴代表4, 삽화1. 本文178, 年表 4)	1937~1939 (과도기)	부분개정
	初等國史 卷二	1938	228 (御歴代表 4, 本文 208, 年表16)		
⑥	初等國史 第五學年	1940	227 (萬世一系(皇室御系圖)6, 삽화1 , 本文 204, み代のすがた 16)	1940~1941 (3차 교육령 반영)	전면개편
	初等國史 第六學年	1941	254 (萬世一系(皇室御系圖)6, 삽화4, 本文 228, み代のすがた 16)		
⑦	初等國史 第五學年	1944	251 (萬世一系(皇室御系圖)6, 삽화3, 本文 226, み代のすがた 16)	1944~1945 (4차 교육령 반영)	부분개정
	初等國史 第六學年	1944	318 (萬世一系(皇室御系圖)6, 삽화4, 本文 288, み代のすがた 20)		

<표 2>에서 보듯 처음 <歷史>교과서인 ①, ②는 조선부분만 다룬 보충교재이며, ③은 문부성 편찬 『尋常小學國史』上·下에 ①, ②가 삽입된, 즉 일본역사를 주축으로 동 시대의 조선역사를 삽입하는 한일 대비방식이다. ④는 이후 <보통학교규정>(1927)을 반영하여 소폭 개정한 것이며, ⑤는 여기에 1930년대 중반 급변하는 시세를 반영하여 부분 개정된 교과서이다. 뒤이어 발간된 ⑥은 조선인의 황민화교육에 중점을 두고 <3차 교육령>을 반영한 전면 개편된 것이며, ⑦은 여기에 <국민학교령>과 <4차 교육령> 취지가 더하여 소폭 개정된 교과서이다.

이의 변화 과정을 구체적으로 살펴보면 구성면에서나 내용면에서 보더라도 전 조선인의 황민화를 위한 식민지교육정책의 일대 전환점이었던 <3차 조선교육령>의 공포(1938)를 기점으로 2시기로 대별된다. 이를 <歷史>교과서의 전면개편 차원에서 보면 ③에서 ⑤까지와, ⑥에서 ⑦까지로 구분할 수 있다. 전자를 전반기, 후자를 후반기로 하여, 먼저 전반기 교과서의 구성과 분량의 변화를 살펴보겠다.

전반기교과서는 각권 공히 첫 면에 역대표(御歷代表), 후면에 연표 (年表)를 수록하고 있으며, 본분의 구성은 일본사에 조선사 삽입방식 이라는 큰 틀을 유지하는 가운데, 개정 시기에 따라 단원의 이합, 단 원명의 변화, 내용의 증감 등을 살펴볼 수 있다. 가장 주목되는 것은, ③에서는 각 단원 안에 포함되어 있던 조선사부분이 ④에서는 별도 의 단원으로 책정되어 있는 점이다. 또 ③이 문부성 발간 교과서의 연대에 맞추어 특정 조선사를 삽입한 것에 비해, ④는 쇼와초기 개정 된 <보통학교규정>(1927)을 반영하는 이면의 유화제스처로 볼 수도 있겠다. 그러나 그것도 ⑤에 이르면 일본역사로만 일관하게 되며, 조 선사는 그 안에서 한일관계사 정도로만 언급될 뿐이다.

분량에 있어서는 주로 고대사에서 중세사까지를 다룬 5학년용은 그리 큰 변화는 없지만, 6학년용의 경우 증감의 폭이 상당하다. ③ 이 163면인 것에 비하여 ④가 136면이었던 것은 쇼와기 역사 7면을 추가하였음에도 불구하고, 전체적인 내용이 축소되었음을 말해준다. 그러나 ⑤에 이르면 208면으로 대폭 증가하게 되는데, 이는 일본근 대사에 해당되는 단원 「메이지(明治)천황」과 「쇼와(昭和)천황」의 분 량이 현저하게 증가한 까닭이다. 이러한 현상은 각권 후면에 배치된 연표(年表)에서도 동일하게 나타난다. 연표의 분량은 하권 기준으로 ③이 8면, ④가 조금 더 많은 8면, ⑤에 이르면 15면으로 대폭 증가 된 면을 드러낸다. 메이지천황의 치적이 재조명되고, 다이쇼천황에 이어 쇼와천황의 치적이 대폭 늘어난 까닭이라 하겠다.

다음은 후반기 교과서의 구성과 분량 변화이다. <국민학교령>[1]

---

1) 급변하는 세계정세의 흐름에 대처하기 위한 방안으로 교육체제를 전면개편하기 위한 법령이다. 이에 따라 기존의 '小學校'를 전쟁에 참여할 국민양성을 목적한 '國民學校'로 개칭하였고, 교과목 체제도 합본적 성격의 「國民科」 「理數科」 「體鍊 科」 「藝能科」 「實業科」 등 5개과로 전면 개편되었다. <修身> <國語> <國史>와 함께 <歷史>과목이 속해 있는 「國民科」의 경우 "교육칙어의 취지를 받들어 皇國

(1941.3) 공포에 앞서 이전부터 시행된 전체적으로 개편된 교과서인 만큼 ⑥과 ⑦은 그 구성부터가 이전과는 현격한 차이를 드러낸다.

이전에 비해 가장 큰 변화는 단원명이다. ③ ④ ⑤가, 1과-만세일계 시조신인 「天照大神」, 2과-초대천황인 「神武天皇」… 이었던 것이, ⑥ ⑦에서는 1과-「國がら」, 2과-「まつりごと」…로 이어지고 있으며, 또 각권의 목차 다음 면에 이전의 '역대표' 대신 '만세일계 천황가의 계보도'를, 후면에는 이전의 '연표(年表)'를 'み代のすがた'로 교체하여 역대천황의 치적을 보다 상세하게 열기하는 등 이전에 비해 획기적인 변화를 드러내고 있다.

⑥에서 ⑦로의 변화 또한 간과할 수 없다. ⑥에 없던 소단원이 ⑦에 등장한 것과, 교과서 분량이 ⑥이 432면인 것에 비해 ⑦이 514면으로 대폭 증가한 점이다. 이는 앞서 ③이 334면, ④가 216면, ⑤가 386면이었던 것과 비교해도 주목되는 부분이지만, 특히 ⑦의 발간 시기가 일본역사상 세계를 상대로 벌인 <태평양전쟁>에 조선아동의 동원을 위해 수업시수 감소와, 용지절약을 이유로 교과내용이 전체적으로 축소되던 시기임을 고려한다면, 실로 파격적인 현상이 아닐 수 없다.

이어서 본 과목의 주당 교수시수이다.

의 道를 수련(修練)하게 하고 國體에 대한 信念을 깊게 함"(국민학교령시행규칙 제1조)은 물론 "國體의 精華를 분명히 하여 國民精神을 함양하고, 皇國의 使命을 자각하게 하는 것"(동 규칙 제2조)을 요지로 하고 있으며, 이의 수업목표는 동 규칙 제3조에 "國民科는 我國의 도덕, 언어, 역사, 국사, 국토, 國勢 등을 습득하도록 하며, 특히 國體의 淨化를 明白하게 하고 國民精神을 涵養하여 皇國의 使命을 自覺하도록 하여 忠君愛國의 志氣를 養成하는 것을 요지로 한다. 皇國에 태어남 것을 기쁘게 느끼고 敬神, 奉公의 眞意를 체득시키도록 할 것. 我國의 歷史, 國土가 우수한 국민성을 육성시키는 理致임을 알게 하고 我國文化의 特質을 明白하게 하여 그것의 創造와 發展에 힘쓰는 정신을 양성할 것. 타 교과와 서로 연결하여 정치, 경제, 국방, 해양 등에 관한 사항의 教授에 유의 할 것."이라 명시하였다.

<표 3> 각 교육령 시기별 주당 교수시수

시기 과목＼학년	제2차 조선교육령		제3차 조선교육령		국민학교령과 제4차 조선교육령		
	5학년	6학년	6학년	6학년	4학년	5학년	6학년
지리	2	2	2	2	1	2	2
역사	2	2	2	2	1	2	2

앞서 언급하였듯이 식민지초등교육과정에서 〈歷史〉과목은 〈地理〉과와 더불어 1920년대 이후 공히 2시간씩 배정 시행되었다. 여기서 〈4차 교육령〉시기 4학년 과정에 별도의 교과서도 없이 〈歷史〉 〈地理〉 공히 수업시수가 1시간씩 배정되어 있음을 주목할 필요가 있을 것이다. 이는 당시 조선총독 고이소 구니아키(小磯國昭)의 교육령 개정의 중점이 "人才의 國家的 急需에 응하기 위한 受業年限 단축"[2]에 있었기 때문일 것이다. 그것이 〈교육에 관한 전시비상조치령〉(1943) 이후 각종 요강 및 규칙[3]을 연달아 발포하여 초등학생의 결전태세를 강화하는 조치로 이어졌으며, 마침내 학교 수업을 1년간 정지시키고 학도대에 편입시키기는 등의 현상으로도 나타났다. 4학년 과정에 〈歷史〉과의 수업시수를 배정하여 필수적 사항만을 습득하게 한 것은 이러한 까닭으로 여겨진다.

---

2) 朝鮮總督府(1943)「官報」제4852호(1943.4.7)
3) 〈전시학도 체육훈련 실시요강〉(1943.4), 〈학도전시동원체제확립요강〉(1943.6), 〈해군특별지원병령〉(1943.7), 〈교육에 관한 전시비상조치방책〉(1943.10), 〈학도군사교육요강 및 학도동원 비상조치요강〉(1944.3), 〈학도동원체제정비에 관한 훈령〉(1944.4), 〈학도동원본부규정〉(1944.4), 〈학도근로령〉(1944.8), 〈학도근로령 시행규칙〉(1944.10), 〈긴급학도근로동원방책요강〉(1945.1), 〈학도군사교육강화요강〉(1945.2), 〈결전비상조치요강에 근거한 학도동원실시요강〉(1945.3), 〈결전교육조치요강〉(1945.3) 등

3. 본서의 편제 및 특징

일제강점기 조선아동을 위한 <歷史>교과목은 1920년대 초 학제 개편 이후부터 개설된 이래, 시세에 따른 교육법령과 이의 시행규칙에 따라 <歷史>교과서가 '부분개정' 혹은 '전면개편'되었음은 앞서 <표 2>에서 살핀바와 같다. 그 중 ④『普通學校國史』卷一·二 (1932~33, 2권), ⑦『初等國史』第五·六學年(1944, 2권) 4冊을 번역한 까닭은 ④가 식민지 조선아동의 <歷史>교육의 정착단계의 교과서였다는 점에서, ⑦은 태평양전쟁 시기에 발호된 <국민학교령>과 <4차교육령>이 전면 반영된 교과서이자 식민지 역사교육의 마지막 교과서였다는 점에 의미를 둔 까닭이다.

<표 4> 조선총독부 편찬 『초등학교 <歷史>교과서 번역』의 편제

No	교과서명	권(학년)	간행년	출 판 서 명
④	普通學校國史	卷一 (5학년용)	1932	조선총독부 편찬
		卷二 (6학년용)	1933	초등학교 <歷史>교과서 번역(上)
⑦	初等國史	第五學年	1944	조선총독부 편찬
		第六學年	1944	초등학교 <歷史>교과서 번역(下)

끝으로 본서 발간의 의미와 특징을 간략하게 정리해 본다.

(1) 본서의 발간은 그동안 한국근대사 및 한국근대교육사에서 배제되어 온 일제강점기 초등학교 교과서 복원작업의 일환에서 진행된 또 하나의 성과이다.
(2) 일제강점기 식민지 아동용 <歷史>교과서를 일일이 발굴하여, 가장 특징적 의미를 지닌 <歷史>교과서를 번역 출간함으로써, 언어 장벽을 넘어서서 누구나 쉽게 일제에 의한 한

국 〈歷史〉교육의 실상을 이해할 수 있게 하였다.

(3) 본서는 〈歷史〉교과서에 배치된 삽화 등 이미지자료의 복원에도 심혈을 기울였다. 오래되어 변별이 어려운 수많은 이미지자료를 세심히 관찰하여 최대한 알아보기 쉽게 복원하였을 뿐만 아니라, 세로쓰기인 원문을 좌로 90°로 회전한 가로쓰기 편제이므로 내용에 맞게 최대한 삽화의 배치에도 심혈을 기울였다.

(4) 본서는 일제강점기 식민지 〈歷史〉교과서의 흐름과 변용 과정을 파악함으로써, 일제에 의해 기획되고 추진되었던 근대한국 공교육의 실태와 지배국 중심적 논리에 대한 실증적인 자료로 제시할 수 있다.

(5) 본서는 〈歷史〉교과서에 수록된 내용을 통하여 한국 근대초기 교육의 실상은 물론, 단절과 왜곡을 거듭하였던 한국근대사의 일부를 재정립할 수 있는 계기를 마련하고, 관련연구에 대한 이정표를 제시함으로써 다각적인 학제적 접근을 용이하게 하였다.

(6) 본서는 그간 한국사회가 지녀왔던 문화적 한계의 극복과, 나아가 한국학 연구의 지평을 넓히는데 일조할 것이며, 일제강점기 한국 초등교육의 거세된 정체성을 재건하는데 기여할 수 있을 것이다.

본서는 개화기 통감부기 일제강점기로 이어지는 한국역사의 흐름 속에서 한국 근대교육의 실체는 물론이려니와, 일제에 의해 왜곡된 갖가지 논리에 대응하는 실증적인 자료를 번역 출간함으로써 모든 한국인이 일제강점기 왜곡된 교육의 실체를 파악할 수 있음은 물론, 관련연구자들에게는 연구의 기반을 구축하였다고 자부하는 바이다.

이로써 그간 단절과 왜곡을 거듭하였던 한국근대사의 일부를 복원·재정립할 수 있는 논증적 자료로서의 가치창출과, 일제에 의해 강제된 근대 한국 초등학교 <歷史>교육에 대한 실상을 재조명할 수 있음은 물론, 한국학의 지평을 확장하는데 크게 기여할 수 있으리라고 본다.

2018년 8월
전남대학교 일어일문학과 교수 김순전

〈凡 例〉

1. 원본은 세로쓰기이나 편의상 좌로 90도 회전하여 가로쓰기로 한다.

2. 원본의 상란은 좌란으로 한다.

3. 특정용어의 표기에 있어 일본어 독음을 한국어로 표기하고 (   )안에 원문을 표기하였다.

4. 삽화는 최대한 교과서 체제에 맞추었으나 편집상 약간의 크기 변화가 있다.

5. 삽화제목은 가로쓰기에 맞추어 좌측읽기로 바꾸었다.

6. 좌란(원문의 상란)의 연도 표기는 일본력(和曆)으로 표시한 기원년도(紀元年度)를 그대로 표기한 것이며, 편의를 위해 특정 사건의 경우 본문에 서력(西曆)년도를 병기하였다.

조선총독부 편찬(1932)

『보통학교국사』

(권1)

普通學校國史 卷一

朝鮮總督府

목차(目次)

역대표(御歷代表)(1)

역대	천황	재위기간(기원년)
1	진무천황(神武天皇)	원년~76
2	스이제이천황(綏靖天皇)	80~112
3	안네이천황(安寧天皇)	112~150
4	이토쿠천황(懿德天皇)	151~184
5	고쇼천황(孝昭天皇)	186~268
6	고안천황(孝安天皇)	269~370
7	고레이천황(孝靈天皇)	371~446
8	고겐천황(孝元天皇)	447~503
9	가이카천황(開化天皇)	503~563
10	스진천황(崇神天皇)	564~631
11	스이닌천황(垂仁天皇)	632~730
12	게이코천황(景行天皇)	731~790
13	세이무천황(成務天皇)	791~850
14	주아이천황(仲哀天皇)	852~860
15	오진천황(應神天皇)	860~970
16	닌토쿠천황(仁德天皇)	973~1059
17	리추천황(履中天皇)	1060~1065
18	한제이천황(反正天皇)	1066~1070
19	인교천황(允恭天皇)	1072~1113
20	안코천황(安康天皇)	1113~1116

역대	천황	재위기간(기원년)
21	유랴쿠천황(雄略天皇)	1116~1139
22	세이네이천황(淸寧天皇)	1139~1144
23	겐조천황(顯宗天皇)	1145~1147
24	닌켄천황(仁賢天皇)	1148~1158
25	부레쓰천황(武烈天皇)	1158~1166
26	게이타이천황(繼體天皇)	1167~1191
27	안칸천황(安閑天皇)	1191~1195
28	센카천황(宣化天皇)	1195~1199
29	긴메이천황(欽明天皇)	1199~1231
30	비다쓰천황(敏達天皇)	1232~1245
31	요메이천황(用明天皇)	1245~1247
32	스슌천황(崇峻天皇)	1247~1252
33	스이코천황(推古天皇)	1252~1288
34	조메이천황(舒明天皇)	1289~1301
35	고교쿠천황(皇極天皇)	1302~1305
36	고토쿠천황(孝德天皇)	1305~1314
37	사이메이천황(齊明天皇)	1315~1321
38	덴지천황(天智天皇)	1321~1331
39	고분천황(弘文天皇)	1331~1332
40	덴무천황(天武天皇)	1332~1346

역대	천황	재위기간(기원년)
41	지토천황(持統天皇)	1346~1357
42	몬무천황(文武天皇)	1357~1367
43	겐메이천황(元明天皇)	1367~1375
44	겐쇼천황(元正天皇)	1375~1384
45	쇼무천황(聖武天皇)	1384~1409
46	고켄천황(孝謙天皇)	1409~1418
47	준닌천황(淳仁天皇)	1418~1424
48	쇼토쿠천황(稱德天皇)	1424~1430
49	고닌천황(光仁天皇)	1430~1441
50	간무천황(桓武天皇)	1441~1466
51	헤이제이천황(平城天皇)	1466~1469
52	사가천황(嵯峨天皇)	1469~1483
53	준나천황(淳和天皇)	1483~1493
54	닌묘천황(仁明天皇)	1493~1510
55	몬토쿠천황(文德天皇)	1510~1518
56	세이와천황(清和天皇)	1518~1536
57	요제이천황(陽成天皇)	1536~1544
58	고코천황(光孝天皇)	1544~1547
59	우다천황(宇多天皇)	1547~1557
60	다이고천황(醍醐天皇)	1557~1590

역대	천황	재위기간(기원년)
61	스자쿠천황(朱雀天皇)	1590~1606
62	무라카미천황(村上天皇)	1606~1627
63	레이제이천황(冷泉天皇)	1627~1629
64	엔유천황(圓融天皇)	1629~1644
65	가잔천황(花山天皇)	1644~1646
66	이치조천황(一條天皇)	1646~1671
67	산조천황(三條天皇)	1671~1676
68	고이치조천황(後一條天皇)	1676~1696
69	고스자쿠천황(後朱雀天皇)	1696~1705
70	고레이제이천황(後冷泉天皇)	1705~1728
71	고산조천황(後三條天皇)	1728~1732
72	시라카와천황(白河天皇)	1732~1746
73	호리카와천황(堀河天皇)	1746~1767
74	도바천황(鳥羽天皇)	1767~1783
75	스토쿠천황(崇德天皇)	1783~1801
76	고노에천황(近衛天皇)	1801~1815
77	고시라카와천황(後白河天皇)	1815~1818
78	니조천황(二條天皇)	1818~1825
79	로쿠조천황(六條天皇)	1825~1828
80	다카쿠라천황(高倉天皇)	1828~1840

역대	천황	재위기간(기원년)
81	안토쿠천황(安德天皇)	1840~1845
82	고토바천황(後鳥羽天皇)	1845~1858
83	쓰치미카도천황(土御門天皇)	1858~1870
84	준토쿠천황(順德天皇)	1870~1881
85	주쿄천황(仲恭天皇)	1881
86	고호리카와천황(後堀河天皇)	1881~1892
87	시조천황(四條天皇)	1892~1902
88	고사가천황(後嵯峨天皇)	1902~1906
89	고후카쿠사천황(後深草天皇)	1906~1919
90	가메야마천황(龜山天皇)	1919~1934
91	고우다천황(後宇多天皇)	1934~1947
92	후시미천황(伏見天皇)	1947~1958
93	고후시미천황(後伏見天皇)	1958~1961
94	고니조천황(後二條天皇)	1961~1968
95	하나조노천황(花園天皇)	1968~1978
96	고다이고천황(後醍醐天皇)	1978~1999
97	고무라카미천황(後村上天皇)	1999~2028
98	조케이천황(長慶天皇)	2028~2043
99	고카메야마천황(後龜山天皇)	2043~2052
100	고코마쓰천황(後小松天皇)	2052~2072

역대	천황	재위기간(기원년)
101	쇼코천황(稱光天皇)	2072~2088
102	고하나조노천황(後花園天皇)	2088~2124
103	고쓰치미카도천황(後土御門天皇)	2124~2160
104	고카시와바라천황(後柏原天皇)	2160~2186
105	고나라천황(後奈良天皇)	2186~2217
106	오기마치천황(正親町天皇)	2217~2246

『보통학교국사』 권1

제1 아마테라스 오미카미(天照大神)

천황폐하의
시조

　아마테라스 오미카미(天照大神)는 천황폐하의 시조이십니다.

아마테라스
오미카미의
은덕

　오미카미는 덕이 높으신 분으로, 태양처럼 모든 만물을 사랑해주시며, 벼, 보리 등을 논밭에 심게 하시고 양잠을 하게 하셔서 모든 사람들에게 은혜를 베푸셨습니다.

스사노오노
미코토의
행동

　오미카미의 남동생으로 스사노오노미코토(素戔嗚尊)라는 분이 계셨습니다. 미코토는 천성이 용감하여 종종 거친 행동을 하였습니다만, 오미카미는 이것을 조금도 책망하지 않았습니다.

동굴의 은신

　그런데도 미코토는 삼가지도 않고, 오미카미의 밭을 황폐하게 하고, 베짜기에게 상처를 입히기도 하셨기 때문에, 오미카미는 결국 참기 어려워 하늘동굴(天の岩屋)로 들어가셔서, 바위문을 닫았습니다. 그 때문에 세상은 깜깜해졌고, 여러 가지 나쁜 일이 일어났습니다.

거울

곡옥

수많은 신들은 이것을 염려하여, 오미카미를 나오시게 하려고 바위문 밖에 모여, 거울(八咫鏡)과 곡옥(八坂瓊曲玉) 등을 비쭈기나무 가지에 걸어놓고, 춤과 노래를 시작했습니다. 그 때 무녀(天鈿女命)가 신들의 박자에 따라 재미있게 춤을 추어서 신들의 웃음소리

	로 크게 떠들썩하였습니다. 그래서 오미카미는 무슨 일이 일어났나 하고 이상하게 생각하여 바위문을 조금 열었습니다. 신들이 서둘러 비쭈기나무를 바치려던 참에, 오미카미의 훌륭한 모습이 그 가지에 걸어놓은 거울에 비쳤습니다. 오미카미는 더욱 이상하게 생각하고 문에서 조금 나왔기 때문에, 옆에 숨어 있던 다지카라오노미코토(手力男命)가 손을 잡아 밖으로 모시고 나오자, 세상은 다시 밝아졌고, 신들은 엉겁결에 환성을 지르며 서로 기뻐했습니다.
스사노오노미코토 큰 뱀 퇴치하시다	스사노오노미코토는 신들에게 쫓겨나 이즈모(出雲)로 강림하게 되었고, 히노가와(簸川) 상류에서 다리가 여덟인 큰 뱀(八岐の大蛇)을 퇴치하시어, 사람들을 고통에서 구하였습니다. 이 때, 뱀의 꼬리에서 검(劍) 하나가 나왔기에, 이상한 검이라 여기고 오미카
아메노무라쿠모쓰루기	미에게 바쳤습니다. 이 검을 아메노무라쿠모노쓰루기(天叢雲劍)라 합니다. 미코토(命)는 또한 조선에도 오신 적이 있습니다.
오쿠니누시노미코토가 나라를 양위하다	스사노오노미코토의 아들로 오쿠니누시노미코토(大國主命)라는 분이 있었습니다. 미코토는 이즈모지방을 평정하였지만, 그 외의 지방에는 나쁜 사람들이 더 많이 있었습니다. 그 때문에 오미카미는 손자 니니기노미코토(瓊瓊杵尊)를 내려 보내서, 이 나라를 다스리게 해야겠다고 생각하였습니다. 그래서 우선 사자(使者)를 오쿠니누시노미코토의 처소에 보내어, 이즈모지방을 바치도록 명하자, 미코토는 기꺼이 그 명에 따르셨

신칙을 하달 해주시다	습니다. 지금의 이즈모(出雲)대신사는 오쿠니누시노미코토를 모시고 있는 신궁입니다. 　거기서 아마테라스 오미카미는 니니기노미코토를 부르시어,
	この國はわが子孫のきみたるべき地なり。汝皇孫ゆきて治めよ。天津日嗣の榮えまさんこと天地と共にきはまりなかるべし。 (이 나라는 우리자손이 길이 살게 될 땅이다. 그대 황손이 가서 다스리라. 천황가가 대대로 번영하는 것 천지와 함께 무궁하리로다.)
일본 국체의 기반 니니기노미 코토 휴가에 강림하시다	라는 존귀한 신칙(神勅)을 하달하셨습니다. 만세일계의 천황을 받들어 영원무궁토록 흔들림 없는 우리 일본 국체(國體)의 기반을 실로 이때 정하셨던 것입니다. 　오미카미는 또 거울(八咫鏡), 검(天叢雲劒), 곡옥(八坂瓊曲玉)을 니니기노미코토에게 하사하시고, 특히 거울(八咫鏡)을 들고 가리키시며,
	この鏡をわれと思ひて、つねにあがめたてまつれ。 (이 거울을 짐으로 생각하고 항상 우러러 받들라.)
삼종신기	라 분부하였습니다. 미코토는 신칙을 삼가 받들어, 삼종의 신기(神器)를 받들고, 수많은 신들을 거느리고 휴가(日向)에 강림하셨습니다.

니니기노미코토(瓊瓊杵尊) 휴가(日向)에 강림하시다

이에 따라 역대의 천황은 반드시 신기(神器)를 물려 받으시어, 천황의 지위를 표명하시게 되었습니다.

아마테라스   아메노오시오
오미카미   ──   미미노미코토   ──   니니기노미코토   ──
(天照大神)   (天忍穗耳尊)   (瓊瓊杵尊)

    히코호호데   우가야후키아
── 미노미코토   ── 에즈노미코토   ── 진무(神武)천황
    (彦火火出現尊)   (鸕鷀草葺不合尊)

제2 진무(神武)천황

휴가를 나
오시다

니니기노미코토(瓊瓊杵尊) 이후 2대를 거쳐 진무(神武)천황의 치세에 이르기까지는, 대대로 휴가(日向)에 계시면서 일본을 다스리셨습니다만, 동쪽에는 여전히 많은 악인들이 있어서 매우 소란스러웠기 때문에, 천황은 이를 평정하여 백성들을 안심시키고자 하셨습니다. 그래서 수군을 이끌고, 휴가를 나와 야마토(大和)로 향하셔서, 오랜 세월을 거쳐 나니와(浪速, 오사카 부근의 옛 지명)에 도착하셨습니다.

야마토에 들
어 가시다

천황은 가와치(河內)에서 야마토로 들어 가시려던 참에, 악인들의 두목인 나가스네히코(長髓彦)라는 사람이 황군을 막으며 들어오지 못하게 하였기 때문에, 천황은 길을 오히려 남쪽으로 돌리시어, 기이(紀伊)에서 야마토로 진군하셨습니다. 그 근방은 산이 높고 골짜기는 깊었으며 길이 없는 곳도 많았습니다만, 천황은 이를 개의치 않으시고 날아가는 세발까마귀(八咫烏)의 뒤를 따라 산을 넘고 골짜기를 건너 병사들에게 길을 여시고, 마침내 야마토로 들어가셨습니다.

세발까마귀

진무(神武)천황 험난한 산길을 헤쳐 나아가시다

야마토지방을 평정하시다

그 후 천황은 악인들을 차례차례 평정하시고, 또다시 나가스네히코(長髓彦)를 토벌하셨습니다만, 그 수하들이 강력히 저항하였기 때문에 격심한 전투를 하셨습니다. 그러자 갑자기 하늘이 흐려지고 우박이 후드득 내리기

황금빛 솔개

시작하더니, 어디선가 황금빛 솔개가 날아와서 천황의 활

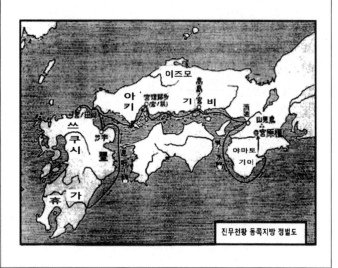

진무천황 동쪽지방 정벌도

즉위예식을 거행하시다 가시하라궁 기원원년 기원절	끝에 앉았는데, 그 빛이 번개처럼 번쩍번쩍 빛났습니다. 악인들은 눈이 어두워져 싸울 수가 없게 되자 앞 다투어 도망갔고, 결국 나가스네히코도 살해당했습니다. 야마토국이 평온하게 되었으므로, 천황은 우네비산(畝傍山) 동남쪽 가시하라(樫原)에 황궁을 지으시고, 즉위의 예를 올리셨습니다. 이 해가 즉 우리 일본의 기원 원년입니다. 매년 2월 11일 기원절(紀元節)은 이 경사스런 날에 해당하기 때문에, 국민 모두는 이 날을 경축하고 있는 것입니다.

가시하라(樫原)신궁

조상신들을 제사지내다 진무천황제	천황은 효심이 깊으셔서, 이윽고 도미산(鳥見山) 정상에 신전을 설치하셔서 조상신들께 제사를 올리시고, 세상을 잘 다스린 일도 보고 하셨습니다. 이렇게 해서 천황은 아마테라스 오미카미가 정하신 우리 일본제국의 기초를 더욱 굳게 다지셨습니다. 매년 4월 3일 진무천황제는 천황이 승하하신 날에 행해지는 제사(祭)입니다.

제3 고다이(皇大)신궁

스진 천황
삼종신기를
옮기시다

진무천황 이후 8대를 거쳐, 제10대 스진(崇神)천황이 즉위하셨습니다. 천황은 신을 공경하는 마음이 대단히 깊으셔서 이제까지처럼 삼종의 신기를 천황과 같은 어전에 모시고 있는 것을 너무 황송하게 여기시고 거울과

가사누이노
무라

검을 야마토의 가사누이노무라(笠縫邑)라 하는 곳으로 옮기셔서 아마테라스 오미카미를 그곳에 모시었습니다. 그리고 새롭게 거울과 검을 만드셔서 곡옥(八坂瓊曲玉)과 함께 어전에 두셨습니다.

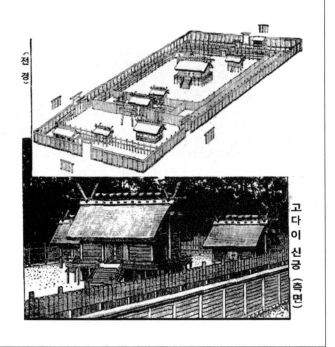

(전경)

고다이 신궁 (측면)

스이닌천황 다시 신기를 옮기시다 도요우케대 신궁	다음 제11대 스이닌(垂仁)천황도 신을 공경하는 마음이 대단히 깊으셔서, 신의 계시에 따라 거울과 검을 가사누이노무라(笠縫邑)에서 이세(伊勢)의 이스즈강(五十鈴川) 부근으로 옮기셨습니다. 이 거울을 신의 몸(神體)으로 하여 아마테라스 오미카미를 모신 사원이 즉 고다이(皇大)신궁입니다. 　그 후 농업, 양잠의 신이신 도요우케노오미카미(豊受大神)를 고다이신궁 가까이 모시게 되었습니다. 이것이 도요우케(豊受)대신궁입니다. 이 2개의 신궁은 일본에서 가장 고귀한 사원입니다.

제4 야마토타케루노미코토(日本武尊)

진무천황 이후 황실의 위광은 점차 사방으로 펼쳐나 갔습니다만, 먼 지방에는 아직 나쁜 무리들이 있어서 백 성들을 괴롭히고 있었습니다. 제12대 게이코(景行)천황 은 이를 염려하여 아들 오우스노미코토(小碓尊)를 보내 어, 먼저 규슈(九州) 남쪽에 사는 구마소(熊襲)를 토벌 하게 하셨습니다. 오우스노미코토는 이 때 불과 16세였 습니다만, 용감한 분이어서 곧바로 규슈로 내려가셨습니 다. 그리고 구마소의 수장인 가와카미노타케루(川上のた ける)가 술을 마시며 즐기고 있는 모습을 보고, 머리를 풀어 소녀의 모습을 하고 가와카미노타케루에게 접근하 여, 검을 빼어 그 가슴을 찔렀습니다.

야마토타케루노미코토(日本武尊) 검을 빼어 풀을 후려치다

야마토타케루노미코토	가와카미노다케루는 놀라 "당신은 일본에서 제일 강한 분이십니다. 이제부터 야마토타케루(日本武)로 하십시오."라는 말씀을 드리고 숨이 끊어졌습니다. 이에 따라 오우스노미코토는 이름을 개명하고, 경사스럽게 야마토로 돌아오셨습니다.

야마토타케루노미코토의 동쪽지방 정벌도

아즈마노쿠니 정벌을 위해 내려가시다 고다이신궁 참배하시다	그 후, 미코토는 다시 천황의 명을 받들어 에조(蝦夷) 정벌을 위해 용감하게 아즈마노쿠니(東國)로 내려가셨습니다. 그때 미코토는 먼저 이세의 고다이신궁을 참배하고 아메노무라쿠모노쓰루기(天叢雲劒)검을 받아, 스루가(駿河)로 향하셨습니다. 그 지방의 악인들은 미코토를

구사나기노쓰루기 에조를 평정하시다 아쓰다신궁	속여 넓은 들판으로 유인하여, 사방에서 풀을 태워 불로 공격하였습니다. 그러나 미코토는 조금도 당황하지 않고 검을 빼들어 풀을 베어 넘기며 불을 막아내며 오히려 악인들을 공격하여 멸망시켰습니다. 이후부터 이 검을 '구사나기노쓰루기(草薙劒)'라 부르게 되었습니다. 　미코토는 그 후 계속 동쪽으로 진격하셔서 에조사람들을 모조리 항복 시키고 여러 지방을 평정하였습니다. 돌아오시는 도중, 오와리(尾張)의 아쓰타(熱田)에 구사나기노쓰루기 검을 남겨두고, 오미(近江)의 이부키야마(伊吹山)에 있는 악인들을 토벌하셨습니다만, 병에 걸려서 마침내 이세의 노보노(能褒野)에서 돌아가셨습니다. 아쓰타(熱田)신궁은 구사나기노쓰루기를 모시는 궁입니다.

제5 옛날의 조선(朝鮮)

조선 고대 지도

기자 나라를 세우다

옛날, 중국에서 기자(箕子)라는 사람이 와서, 한반도 북부에 나라를 세우고 평양에 도읍을 정하여 그 나라를 잘 다스렸습니다. 이후 그 지방은 중국의 공격을 받게 되어, 반도의 대부분은 그 영지가 되었습니다.

마한·진한·변한 지방

그 무렵 반도의 남부는 마한(馬韓), 진한(辰韓), 변한(卞韓) 3개의 지방으로 나뉘어 있었고, 그들 지방은 더 작은 지방으로 나뉘어 있었습니다. 그곳에 사는 사람들은 바다를 건너 일찍부터 일본과 왕래하였습니다.

삼국의 발흥 신라 고구려 백제 고구려의 강성 일본부의 유래 일본으로 귀화	스진(崇神)천황 치세에, 진한지방에서 박혁거세(朴赫居世)라는 사람이 나와 신라(新羅)국을 세우고 왕이 되어 일본에서 건너온 호공(瓠公)을 중용하여 나라를 잘 다스렸습니다. 동 시대에 만주지방에서 주몽(朱蒙)이라는 사람이 나와서 고구려(高句麗)를 세우고 왕이 되었습니다. '고구려'는 '고마(高麗)'라고도 합니다. 스이닌(垂仁)천황 치세에, 주몽의 아들 온조(溫祚)는 남쪽으로 내려가서 마한지방에 백제(百濟)를 세우고 왕이 되었습니다. 신라, 고구려, 백제를 삼국이라고 합니다. 삼국 가운데 처음에는 백제가 강했습니다만, 나중에 고구려가 강해져서 만주에서부터 반도에 걸쳐 있는 중국의 영지를 공략하였고, 점차 남쪽으로 내려와 백제와 싸우기 시작하였습니다. 신라도 역시 그 세력이 차츰 왕성해졌기 때문에, 변한(卞韓)지방의 소국들은 이에 시달리게 되었습니다. 그 가운데 임나(任那)라 하는 나라가 스진천황에게 사신을 보내어 구원을 요청했기 때문에, 천황은 장군을 파견하여 그 지역을 평정하셨습니다. 임나는 또한 대가락국(大加羅)이라고도 합니다. 그 후 일본조정에서는 임나에 일본부(日本府)를 두고 그 지방을 다스리게 하였습니다. 이처럼 조선은 먼 옛날부터 일본과 깊은 관계가 있었고, 일본으로 귀화한 사람들도 적지 않았습니다. 신라 왕자 아메노히보코(天日槍)도 그 중 한 사람이며, 세상에 유명한 진구(神功)황후는 이 사람의 후손입니다.

제6 진구(神功)황후

<table>
<tr>
<td>구마소를 정벌하다</td>
<td>

진구(神功)황후는 제14대 주아이(仲哀)천황의 황후로, 태어날 때부터 영리하고 용맹스러웠습니다, 천황의 치세에 규슈의 구마소(熊襲)가 다시 반항하였기에, 천황은 황후와 함께 규슈에 가서 이를 정벌하려 하였습니다만, 병이 들어 승하하셨습니다.

</td>
</tr>
<tr>
<td>신라를 정벌하다</td>
<td>

이 무렵 조선에서는 신라의 세력이 점점 더 강해지고, 게다가 신라와 가까웠기 때문에, 구마소는 그 힘을 믿고 거역한 것이었습니다. 그래서 황후는 먼저 신라를 복속시키면 구마소는 저절로 평정될 것이라 생각하시고, 다케우치노스쿠네(武內宿禰)와 상담하시고, 직접 군대를 인솔하여 신라로 쳐들어갔습니다.

</td>
</tr>
</table>

조선반도 여러나라 지도

신라 황후에게 굴복하다	황후는 남장을 하시고, 수많은 군선(軍船)을 거느리고 쓰시마(對馬)를 거쳐 이윽고 신라의 해안에 도착하셨습니다. 신라왕은 황후의 세력이 강한 것을 보고 크게 두려워하여 즉시 항복하였고, 매년 공물을 바치기를 오랫동안 변함없이 할 것을 맹세하였기 때문에, 황후는 이를 허락하고 개선(凱旋)하셨습니다. 때는 기원(紀元) 860년입니다.  진구(神功)황후 멀리 신라 쪽을 조망하다
백제, 고구려도 복종하다	그 후 백제와 고구려 두 나라도 결국 모두 일본조정에 복종하였고, 구마소도 또한 반항하지 않게 되었습니다.

학문·공예 등을 전하다	제15대 오진(應神)천황 치세가 되어, 아직기(阿直岐), 왕인(王仁) 등의 학자가 백제에서 일본으로 건너와 중국의 학문을 전하였고, 그 자손은 문필가로서 오랫동안 일본조정을 위해 힘써 일했습니다. 그 밖에 다양한 많은 사람들이 조선에서 건너와 베짜기, 바느질, 대장장이 등의 기술도 전해주었습니다. 천황은 또한 멀리 중국 남부지방에 사신을 파견하여, 베짜기와 바느질하는 여자를 불러들여, 더욱더 세상이 개명해 갈 수 있도록 힘쓰셨습니다.

제7 닌토쿠(仁德)천황

백성에게 자비를 베푸시다

나니와 도읍

제16대 닌토쿠(仁德)천황은 오진천황의 아들이시며, 천성적으로 정이 깊으신 까닭에 언제나 백성을 사랑하셨습니다. 천황은 도읍을 나니와(難波, 오사카의 옛 지명)에 정하셨습니다만, 어느 날 높은 전각에 올라 사방을 바라보시더니, 마을의 집 화덕에서 피어오르는 연기가 적은 것을 보시고, 이것은 백성이 가난하기 때문일 것이라 생각하시어, 3년 동안 세금을 면제하라고 명하셨습니다. 그리고 황궁이 황폐하게 손상되는 것도 마음에 두지 않고, 어의조차 새로 만들지 않았습니다.

닌토쿠(仁德)천황 백성의 부뚜막 연기를 응시하다

백성들 기뻐하며 황궁을 지어 바치다	그러는 동안 풍년이 이어져 백성들은 모두 풍족하게 되었고, 마을마다 집집마다 연기도 왕성하게 피어오르게 되었습니다. 천황은 이것을 보시고 크게 기뻐하시며, "우리가 이제 풍요롭게 되었도다."라고 말씀하셨습니다. 그 말씀을 들은 백성들은 그 은혜에 감사하여 눈물을 흘리며 세금을 내는 것이나, 새로이 황궁을 지어 올릴 것을 청원하였습니다만, 천황은 이것을 허락하지 않으셨습니다. 하지만 백성들은 더욱 간곡하게 청원하였고, 3년 후가 되어서야 겨우 승인이 떨어졌습니다. 그래서 백성들은 기뻐 신바람이 나서, 앞다투어 달려와 밤낮으로 쉬지 않고 공사에 진력하였으므로 곧 훌륭한 황궁이 완성되게 되었습니다.
농업을 권장하다	천황은 또한 제방을 쌓게 하시고, 저수지를 만들게 하시어 농업을 권장하는 등, 백성을 위한 여러 가지 일을 도모하셨습니다. 그런 까닭에 백성들은 천황의 은혜에 깊이 감사하여 받들고, 각자 자기의 직업에 힘썼기 때문에 세상은 크게 나아졌습니다.

제8 삼국의 성쇠

고구려 세력이 왕성해지다

닌토쿠(仁德)천황 무렵부터 조선의 형편은 점점 변하여, 고구려는 계속해서 그 영토를 넓혔으며, 그로 인해 백제의 영토는 매우 축소되어갔습니다. 제19대 인교(允恭)천황 치세에, 고구려의 장수왕(長壽王)은 도읍을 만주 땅에서 평양으로 옮기고, 또 백제의 도읍을 함락시키고 그 왕을 죽였습니다. 그래서 백제는 신라와 연합하고, 일본조정의 도움을 받아 고구려를 막았습니다.

삼국시대의 지도

백제 쇠퇴 해지다	백제의 도읍은 경기도 광주(廣州)였습니다만, 고구려의 침공으로 도읍을 빼앗겼기 때문에 충청남도 공주(公州)로 옮겼으며, 나중에 다시 부여(扶餘)로 옮겼습니다. 이렇게 백제는 점점 쇠퇴해 가기만 하였습니다.
신라가 강 해지다	신라는 백제와는 달리 점점 강해져, 고구려로부터 많은 땅을 되찾게 되었으며, 또 백제와도 전쟁을 하게 되었습니다. 그리고 그 도읍은 언제나 바뀌는 일 없이 경상북도 경주(慶州)였습니다.
삼국에 불교 전래되다	닌토쿠천황 치세에 불교가 처음으로 중국에서 고구려로 전해지고, 또 백제에도 전해졌습니다. 그로부터 조금 지나서 고구려로부터 신라에도 전해졌습니다.
일본에 불교 전래되다	제29대 긴메이(欽明)천황 치세에 백제왕은 불상과 경문(經文) 등을 일본조정에 바쳤습니다. 그것이 기원 1212년 때의 일이었습니다. 이때부터 일본에도 불교가 크게 일어나게 되었습니다.

제9 쇼토쿠(聖德)태자

섭정이 되다

닌토쿠천황으로부터 18대째의 천황을 제33대 스이코 (推古)천황이라고 합니다. 스이코천황은 일본 최초의 여성천황이었기 때문에, 황태자 우마야도(厩戸)황자가 섭정이 되어 천황을 도우셨습니다. 이 황자를 존중하여 쇼토쿠(聖德)태자라고 합니다.

〈17조 헌법〉을 제정하다

태자는 선천적으로 뛰어나고 현명하며 예절바른데다가, 조선의 승려에 의해 깊이 불법을 깨우쳤습니다. 또한 중국의 좋은 점을 취하여 갖가지 새로운 정치를 시도하였으며 〈17조(十七條) 헌법〉을 제정하여 관민(官民)의 마음가짐을 제시하셨습니다.

쇼토쿠(聖德)태자와 두 왕자

수나라에 사신을 파견하다 해뜨는 나라의 천자 유학생	태자는 또한 사신을 중국에 보내어 교류를 시작하셨습니다. 그 무렵, 중국은 수(隋)라는 크고 강한 나라의 시대로, 학문도 진보하였고 언제나 교만하여 다른 나라들을 속국처럼 취급하고 있었습니다. 그러나 태자는 이것을 조금도 두려워하지 않았기에, 그 나라에 보낸 국서(國書)에는 「해 뜨는 나라의 천자가 해 지는 나라의 천자에게 글을 보냅니다. 별고 없으십니까?」라고 쓰셨습니다. 수나라의 천자는 이것을 보고 놀랐습니다만, 머잖아 사신을 일본에 보내어 답례를 하였습니다. 그래서 태자는 수나라에 유학생을 보내셨습니다. 그 후, 지속적으로 양국 사이에 왕래가 있었으므로, 그때까지 조선을 거쳐 일본에 전해지던 학문 등은 중국에서 바로 전해지게 되었습니다.

야마토 호류사(法隆寺)

불교를 일 으키다 호류사 백성들 태 자를 애도 하다	태자는 신실하게 불교를 믿으셔서 많은 사찰을 건축하였고, 자신도 교리를 설파하셨으므로, 이후 불교는 온 나라로 널리 전파되었습니다. 또한 건축과 조각과 그림 등도 눈에 띄게 진보하였습니다. 태자가 세운 사찰 중에서 가장 유명한 것은 야마토의 호류사(法隆寺)입니다. 　이처럼 태자는 일본의 문화를 크게 발전시키셨습니다만, 즉위한지 얼마 되지 않아 돌아가셨습니다. 이 때, 세상 사람들은 모두 부모를 잃은 것처럼 애도하였습니다.

제10 덴지(天智)천황

도리에 벗
어난 소가
가문

에미시

이루카

스이코천황 치세에, 조정의 정치에 참여한 가장 세력이 있었던 가문은 다케우치노수쿠네(武內宿禰)의 후손인 소가가문(蘇我氏)이였습니다. 소가노에미시(蘇我蝦夷)도 그 아들 이루카(入鹿)도 모두 마음이 좋지 않은 사람으로, 제멋대로 행동하였습니다. 이루카(入鹿)는 제35대 고교쿠(皇極)천황 때, 쇼토쿠태자의 아들 야마시로노오에(山背大兄)황자의 현명함을 두려워하여, 이를 멸망케 하는 등 조정에 대하여 조금도 주저함이 없었습니다.

나카토미노카마타리(中臣鎌足) 신발을
나카노오에(中大兄)황자에게 올려드리다

나카노오에황자 이루카를 죽이다 나카토미노카마타리 소가가문 멸망하다 다이카개신 연호의 시작 황태자로서 정치를 하다	나카토미노카마타리(中臣鎌足)는 이런 상황을 보고 몹시 분개하여 이루카 부자를 제거하려고 생각했습니다. 그리고 고교쿠(皇極)천황의 아들 나카노오에(中大兄)황자라는 뛰어난 분이, 소가가문의 무도함을 미워하고 있는 것을 알고, 어느 날 축국(蹴鞠)모임에서, 황자의 신발이 벗겨진 것을 집어 올려드리고, 그리고 나서 황자에게 접근하여 함께 이루카를 무너뜨릴 계략을 짜냈습니다. 때마침 조선에서 공물을 바치러 왔으므로, 다이고쿠덴(大極展)에서 예식을 행하던 날, 황자는 가마타리(鎌足)를 비롯하여 뜻을 같이 한 사람들과 함께 이루카를 죽이고, 천황 앞에 무릎 꿇고 삼가 이루카의 불충을 고해 올렸습니다. 그리고 에미시(蝦夷)를 따르는 사람들에게 우리 일본은 예로부터 군신이 유별하다는 것을 들려주던 참에, 그 사람들이 뿔뿔이 흩어져 도망갔으므로, 에미시(蝦夷)도 그 집을 불태우고 자살해버렸습니다. 　이윽고 고교쿠천황은 황위를 동생 제36대 고토쿠(孝德)천황에게 양위하시니, 나카노오에(中大兄)황자는 황태자가 되셨습니다. 황태자는 천황을 도와 정치를 크게 개혁하여, 지금까지 세력 있는 자들이 많은 토지를 소유하여 백성을 마음대로 부리는 관습을 개선하시고, 이들 토지와 백성을 모조리 조정에 헌납하게 하셨습니다. 세상에서는 이를 '다이카개신(大化の新政)'이라고 합니다. '다이카(大化)'란 이 때 처음으로 제정된 연호입니다. 다이카 원년은 기원 1305년에 해당됩니다. 　고토쿠천황이 승하하신 후, 고교쿠천황이 다시 즉위하시게 되었습니다. 이 분이 제37대 사이메이(齊明)천황

백제 일본조 정에 도움을 청하다 신라의 무 열왕 사이메이천 황의 승하 출병하여 백 제를 도움 국내정치를 새로이 정비 하시다 다이호율령 후지와라노 카마타리 대직관	이십니다. 나카노오에황자는 황태자로서 계속해서 정치를 담당하셨습니다. 　이 무렵 조선에서는 신라의 세력이 점점 강해지고 있었고, 중국에서는 수나라가 멸망하고 당(唐)이라는 나라가 발흥하였습니다. 그래서 신라 무열왕(武烈王)은 그 신하 김유신(金庾信)과 의논하여 백제를 멸하기 위해 당나라에 도움을 요청했습니다. 당나라는 대군을 내어 신라와 함께 백제를 공격했기 때문에, 백제의 왕은 마침내 당나라군에 항복했습니다. 그런데 백제 사람들은 사신을 일본조정에 보내어 구원을 요청했습니다. 천황은 이를 허락하시고, 황태자와 함께 규슈로 행행(行幸)하셨습니다만, 머잖아 행궁(行宮)에서 돌아가셨습니다. 이에 따라 황태자가 즉위하시게 되었습니다. 그가 바로 제38대 덴지(天智)천황이십니다. 천황은 군사를 내어 백제를 구원하려 하였습니다만, 백제는 끝내 완전히 멸망해버렸습니다. 그래서 천황은 국내정치를 개선하는 일에 전념하시기 위해, 결국 군사를 철수시켰습니다. 　이후, 천황은 도읍을 오미(近江)로 옮기고, 가마타리(鎌足)에게 명하여 갖가지 새로운 법령을 제정하게 하셨습니다. 이 법령은 훗날 제42대 몬무(文武)천황의 다이호(大寶)년간에 크게 개선되어, '다이호율령(大寶律令)'이라 불리며 오랫동안 정치의 규범이 되었습니다. 　나카토미노카마타리(中臣鎌足)는 소가가문을 멸망시키고 나서 20년 남짓 동안 조정에 출사하여 큰 공을 세웠으므로, 천황으로부터 크게 중용되어 대직관(大織冠)이라

후지와라가 문의 시작 단잔신사	는 가장 높은 벼슬을 하사받았으며, 또 후지와라(藤原)라는 성(姓)도 하사받았습니다. 훗날 세상에 번창한 후지와라가문은 여기서부터 시작된 것입니다. 야마토의 단잔(談山)신사는 가마타리를 모신 사원입니다.  단잔(談山)신사

제11 신라의 통일

당나라고구려를멸망시키다

당나라는 신라와 함께 백제를 멸망시킨 후, 다시금 신라를 도와 고구려도 멸망시켰습니다. 고구려는 이 무렵에도 매우 강성하여, 앞서 수나라군의 공격을 받았고, 또 이어서 당나라군에게도 공격받았습니다만, 수나라도 당나라도 고구려를 쳐부수거나 쉽게 굴복시키지 못했습니다. 그런데 최후에는 당나라군 때문에 평양을 포위당하

신라의 문무왕

였고, 신라의 문무왕도 군사를 보내어 당나라 군대를 도왔으므로, 고구려는 마침내 멸망하고 말았습니다.

신라시대 지도

신라 반도를 통일하다	당나라는 백제와 고구려를 멸망시키고, 이를 자기 영지로 다스리려 하였습니다만, 신라의 문무왕은 차츰 원래의 백제 땅을 합하고, 게다가 원래 고구려 땅이었던 대동강 이남도 차지하여 한반도의 절반 이상을 통합하였습니다. 이것을 신라의 통일이라고 합니다.
통일시대	신라의 통일시대는 이로부터 약 260년 정도 지속되었습니다. 그동안 신라는 당나라를 따르고 있었기 때문에, 그 문화가 전해져 유명한 학자와 승려가 출현하였습니다.
문화발전	
일본조정에 공물을 바치다	다. 또한 미술도 크게 진보하였습니다. 그러나 그러는 동안에도 역시 일본조정에 공물을 바치고 있었습니다.

제12 쇼무(聖武)천황

나라시대

　　제43대 겐묘(元明)천황은 와도(和銅)3년(기원1370) 도읍을 야마토의 나라(奈良)로 정하셨습니다. 이때까지는 대개 천황의 때마다 도읍을 바꾸는 것이 관습이었습니다만, 이로부터 7대 약 70년 동안은 대부분 나라에 도읍을 두었으므로, 이 기간을 '나라(奈良)시대'라고 합니다.

쇼무천황시대의 세태

　　나라시대 중에서 가장 번성했던 때는 제45대 쇼무(聖武)천황 때입니다. 이 무렵은 당나라와의 교통이 왕성하여 세상은 크게 개화되었고, 도읍도 당나라 풍을 모방하여 훌륭하게 지었는데, 궁전 등의 건축물은 벽을 하얗게 기둥을 빨갛게 칠하고, 지붕에는 기와를 얹었으며, 사람들의 풍습도 화려해졌습니다.

대불(大佛)공양식을 거행하다

불교를 전파하시다 국분사 도다이사 대불 대불전	천황은 열렬히 불교를 믿으셔서, 이것을 널리 보급시켜 좋은 세상을 만들어가려고 생각하셨으므로, 각 지역마다 국분사(國分寺)를 짓게 하셨습니다. 특히 나라에는 야마토의 국분사로서 도다이사(東大寺)를 건축하고, 높이 5장(丈) 3척(尺)이 넘는 대불(大佛)을 주조하여 설치하게 하셨습니다. 그 대불전은 높이 약 15장(丈)이나 되는 세계 제일의 목조건물입니다.
고묘황후	쇼무천황의 황후는 후지와라노카마타리(藤原鎌足)의 손녀이신 고묘(光明)황후이십니다. 황후는 선천적으로 정이 깊은 분이신 데다 불교를 열심히 믿으시어, 가난한 사람들을 위해 병원을 짓고 약을 내려주셨으며, 또한 고아들을 모아 양육하게 하셨습니다.
교키와 도쿄	불교가 왕성해짐에 따라 뛰어난 승려가 많이 나타났습니다. 그 중에서도 교키(行基)는 여러 지역을 여행하며 많은 사찰을 세웠으며, 또 길을 열고 다리를 놓고, 저수지를 파고 선착장을 만들기도 하여 사람들로부터 크게 존경받았습니다. 그러나 또 도쿄(道鏡) 같은 무도(無道)한 승려도 나왔습니다.
와케노키요마로가 도쿄의 뜻을 꺾다	도쿄(道鏡)는 제48대 쇼토쿠(稱德)천황에게 출사하여, 정치를 맡아 대단한 세력을 휘둘렀습니다. 그러자 그에게 아첨하는 자가 있어, 우사하치만(宇佐八幡, 우사신궁의 별칭)의 계시라는 속임수로 "도쿄(道鏡)를 황위에 올리게 되면, 천하는 태평하게 될 것이다."라고 천황께 아뢰었습니다. 도쿄는 그 말을 듣고 크게 기뻐하였습니다만, 와케노키요마로(和氣淸麻呂)는 천황의 분부에 따라 우사(宇佐)에 내려가서 신의 계시를 받고,

わが國は、國の初より君と臣との別明かに定れり。決して臣を以て君とすることなし。無道のものは早く之を除くべし。

(우리 일본은 건국 때부터 군신의 구별이 명확히 정해졌다. 결코 신하가 천황이 되는 법은 없다. 무도(無道)한 무리는 신속히 이를 제거할 것이라.)

는 계시대로 천황께 아뢰어 도쿄(道鏡)의 뜻을 꺾었습니다. 도쿄는 크게 분노하여 기요마로(淸麻呂)를 오스미(大隅)로 유배 보내버렸습니다만, 그 후 제49대 고닌(光仁)천황 때에, 도쿄는 시모쓰케(下野)로 추방당하고, 기요마로는 다시 부름 받아, 오랫동안 일본조정에 출사하여 중책을 맡아 날로 충의를 다하였습니다. 교토의 고오(護王)신사는 기요마로를 모신 사원입니다.

고오신사

제13 간무(桓武)천황

헤이안쿄 지도

다이다이리(大內裏)

도읍을 교토
로 정하다

　제50대 간무(桓武)천황은 와케노키요마로(和氣淸麻呂)
의 건의에 따라, 엔랴쿠(延曆) 13년(기원1454) 교토(京都)
에 도읍을 정하셨습니다. 이곳은 산천의 경치가 수려하
고 여러 가지 편의도 많아서, 사방에서 모여든 백성들은
기뻐하며 이곳을 헤이안쿄(平安京)라 하였습니다. 이때
부터 메이지 초까지 1070여 년 동안, 역대천황은 대부분
이 도읍에 계셨습니다.

다이고쿠덴(大極殿)

헤이안쿄의
제도

다이다이리

다이리

헤이안신궁

헤이안쿄(平安京)는 나라(奈良)의 도읍보다 크고, 중앙에는 남북으로 통하는 대로가 있어 도읍을 둘로 가르고 있으며, 또 종횡으로 바둑판의 눈처럼 수많은 도로가 통하고 있습니다. 대로의 북쪽 끝에 다이다이리(大內裏, 궁궐과 관청이 있는 구역의 총칭)가 있고, 그 안에 다이리(內裏, 천황의 기거하는 궁궐), 다이고쿠덴(大極殿, 천황이 정무를 보는 정전) 및 모든 관청이 있습니다. 황궁은 천황이 거처하는 곳으로, 그 안에 시신덴(紫宸殿, 국가 제사의식을 담당하는 곳)과 기타 어전이 있습니다. 다이고쿠덴(大極殿)은 중요한 의식을 행하는 곳으로, 간무천황이 모셔져 있는 교토의 헤이안(平安)신궁은 이 어전의 형태에 따라 건축한 것입니다.

에조를 평정 하게하다 　아베노히라 부 　사카노우에 노타무라마 로	앞서 사이메이(齋明)천황 치세에 아베노히라부(阿倍比 羅夫)는 해군을 이끌고 일본해 해안의 에조(蝦夷)를 토 벌하여 복속케 하였습니다. 그러나 태평양에 임해 있는 지방인 에조는 자주 반항하며 백성들을 괴롭혔으므로, 간무천황은 사카노우에노타무라마로(坂上田村麻呂)를 정 이대장군으로 하여 이들을 토벌하게 하셨습니다. 사카노 우에노타무라마로가 군사를 이끌고 이곳저곳에 있는 적 을 평정하였기 때문에, 도호쿠(東北)지방은 비로소 잠잠 하게 되었습니다.  간무(桓武)천황

제14 사이초(最澄)와 구카이(空海)

헤이안시대의 시작

헤이안쿄가 번영했던 약 400년의 기간을 헤이안(平安)시대라고 합니다. 헤이안 초기 무렵 세상은 잘 다스려졌으며, 사이초(最澄), 구카이(空海)라는 이름난 승려가 출현하여 불교의 새로운 종파를 전하였습니다.

사이초가 천태종을 전파하다

히에이잔의 엔랴쿠사

전교대사

사이초는 오미(近江) 사람으로, 간무천황 치세에 교토의 동북쪽에 솟아있는 히에이산(比叡山)에 엔랴쿠사(延曆寺)를 세웠으며, 그 후 당나라에 건너가 한층 깊이 있는 불교를 수행하고 돌아와서 천태종(天台宗)을 전파했습니다. 훗날 조정으로부터 전교대사(傳敎大師)라는 시호를 하사받았습니다.

구카이(空海) 당(唐)나라로 건너가다

구카이 진언종을 전파하다 사가천황의 신임 고야산의 곤고부사 홍법대사 구카이의 재능 이로하우타 만노저수지 제방	구카이는 사누키(讚岐) 사람으로, 일찍부터 신동이라는 평판이 있었으며, 더욱 열심히 학문을 닦아 사이초와 같은 시기 당나라로 건너가서 불교를 배우고 돌아와 진언종(眞言宗)을 전파했습니다. 구카이는 제52대 사가(嵯峨)천황의 두터운 신임을 받고, 기이(紀伊)의 고야산(高野山)을 개간하여 곤고부사(金剛峯寺)를 세웠습니다. 훗날 조정으로부터 홍법대사(弘法大師)라는 시호를 하사받았습니다. 　구카이는 학문이 깊을 뿐만 아니라 시(詩)와 문장 솜씨도 좋았고, 특히 문자를 쓰는 일에 능숙하였습니다. 이로하우타(いろは歌)는 구카이가 만든 것으로 전해지고 있습니다. 또 사누키(讚岐)에서 만노저수지(萬農池)의 제방을 쌓던 때, 좀처럼 완성되지 않아서 어려움을 겪고 있었습니다만, 구카이가 그 공사를 돕게 되자 많은 사람들이 사방에서 모여들어 결국 이것을 완공하였습니다. 이처럼 구카이는 세상을 위해 일하였고, 사람들에게 크게 존경받았습니다.

제15 스가와라노미치자네(菅原道眞)

후지와라가
문의 전횡

헤이안시대 초기에는 조정의 위세가 왕성하였습니다
만, 그 중에 후지와라가문(藤原氏)이 세력을 휘두르게 되
었습니다. 후지와라가문은 조상인 가마타리(鎌足)가 큰
공을 세우고 나서부터 대신이 된 사람이 많았고, 또 고묘
(光明)황후 이후로부터 대대의 황후도 대개 이 가문에서
나오게 되었습니다. 그래서 그 일문 가운데는 섭정(攝政),

섭정
관백

관백(關白)이라는 고위 관직에 올라, 조정의 정치를 제멋
대로 하는 자도 있었고, 후지와라가문과 연줄이 없는 사
람은 서서히 세력을 잃게 되었습니다.

미치자네 중
용되다

제59대 우다(宇多)천황은 후지와라가문의 세력이 너무
강해지는 것을 염려하셔서, 스가와라노미치자네(菅原道
眞)를 중용하여 그 세력을 약화시키려고 하셨습니다. 미
치자네(道眞)는 학자 집안에서 태어나, 어릴 적부터 학문
에 힘써 11세 무렵에는 곧잘 시(詩)를 지었으며, 이윽고
훌륭한 학자가 되었습니다. 특히 심성이 곧은 사람이었
으므로 천황의 두터운 신임을 받았습니다.

다이고천황
백성을 사
랑하시다

우다천황에 이어 그 아들인 제60대 다이고(醍醐)천황이
즉위하셨습니다. 천황은 정이 깊은 성품인지라 추운 밤에
어의를 벗어, 빈민의 괴로움을 배려하신 일도 있었습니다.

미치자네 지
쿠젠으로 유
배되다

천황도 미치자네를 신임하셔서 그를 우대신(右大臣)으
로 임명하여 좌대신(左大臣) 후지와라노도키히라(藤原時
平)와 함께 정무를 보게 하셨습니다. 그런데 도키히라는

미치자네의 충성심	자신의 좋은 가문을 의지하여 이에 불만을 품고 천황께 중상모략을 하였으므로, 미치자네는 마침내 관직에서 물러나 지쿠젠(筑前)의 다자이후(太宰府)로 유배되었습니다. 미치자네는 늘 매화를 사랑하였기에, 집을 나올 때 정원의 매화를 보고, こちふかば　にほひおこせよ　梅の花　あるじなしとて 春をわするな。 (이곳에서 피어 향기내거라 매화꽃이여! 주인이 없다고 봄을 잊으면 안 되느니라.) 라는 노래를 읊었습니다. 그리고 나서 바다를 건너 지쿠젠(筑前)으로 내려간 후에는 몸을 삼가고 문밖에조차 나오지 않았으며, 잠시도 천황의 일을 잊지 않았습니다.  스가와라노미치자네(菅原道眞) 천황이 하사한 의복을 받들다

천황이 하사한 의복을 받들다 덴만텐진	봄도 가고 여름도 지나 9월 10일이 되자, 작년 오늘 밤 궁중의 연회에서 시중들면서 시를 바쳐 올려 칭찬받았던 일을 떠올리며, 그 때 천황께 받은 의복(御衣)을 높이 받쳐 들고, 황은의 고마움에 눈물을 흘렸습니다. 　미치자네는 3년간 다자이후(大宰府)에서 지내다 사망하였는데, 훗날 그 죄가 없다는 것을 알게 되었으므로 조정으로부터 높은 벼슬이 주어졌습니다. 또한 세상 사람들로부터 덴만텐진(天滿天神)이라 존경받으며, 전국 곳곳에 모셔지게 되었습니다.

제16 고려(高麗)의 왕건(王建)

신라의 혼란

나라가 셋으
로 나뉘다
태봉국

우다(宇多)천황 때부터 신라의 정치가 혼란스러워졌기에, 이곳저곳에서 군사를 일으켜 스스로 왕이라 칭하는 사람이 나왔습니다. 그리고 나라는 나뉘어 셋이 되었습니다. 그 중 하나로 태봉(泰封)이라는 나라가 있었는데, 그 왕은 행동이 거칠었기 때문에 부하들이 이 사람을 쫓아내고 왕건(王建)이라는 사람을 맞아들여 자기들의 왕으로 삼았습니다.

고려 시대 지도

왕건 고려를 건국하다	왕건은 송악(松嶽) 사람이었습니다. 송악은 지금의 개성(開城) 땅입니다. 왕건은 원래 태봉국의 왕을 모시며, 수많은 전투에 나가 자주 공을 세웠으므로, 매우 덕망이 있었습니다. 그래서 많은 사람들에게 추대되어 왕의 자리에 오르게 되어, 국호를 고려(高麗)로 개명하고 도읍을 개성으로 정했습니다. 이 분이 고려 태조입니다. 그때가 마침 다이고천황의 치세에 해당합니다.
반도를 통일하다	그 후 고려의 세력이 더욱더 왕성하게 되어, 이윽고 신라의 왕을 항복시켜 그 땅을 합하였으며, 또 다른 나라도 공격하여 무너뜨려 마침내 반도의 대부분을 통일하였습니다. 신라는 건국이후 992년이 지나 멸망한 것입니다.
고려 거란과 싸우다 성종 강감찬	태조 왕건의 손자 성종(成宗)은 현명한 임금으로, 나라를 잘 다스려 그 기초를 탄탄하게 다졌습니다. 그즈음 북방에서 거란(契丹)족이 쳐들어왔습니다. 고려는 이에 대항하지 못하여 마침내 거란 속국이 되었습니다만, 그 후에도 가끔 거란과 전쟁을 하였습니다. 강감찬(姜邯贊)이라는 장군은 거란군을 쳐부수고 크게 승리한 적이 있습니다.

제17 후지와라노미치나가(藤原道長)

스가와라노미치자네를 물러나게 한 후, 후지와라가문은 점점 더 득세하여 조정의 정치를 휘둘렀습니다만, 미치나가(道長) 때에 이르러 일가의 영화는 극에 달했습니다.

미치나가는 제66대 이치조(一條)천황으로부터 제68대 고이치조(後一條)천황까지 3대 천황을 모시고 30여 년 동안 세력을 휘둘렀으며, 그 가문의 딸들은 3인까지 황후가 되고, 그 외손자가 되는 황자는 3인까지 잇달아 즉위하게 되었습니다. 고이치조천황 치세에 미치나가는 섭정이 되었고, 뒤이어 그 딸이 황후가 되었기에,

> この世をば わが世とぞ思ふ 望月の かけたることも な
> しと思へば
> (이 세상은 내 세상이라 생각하네 이지러진 곳 없는
> 만월이라 생각하며)

라는 노래를 읊었습니다. 이는 자신의 소원이 모두 이루어져 조금도 부족함이 없는 것을 보름달에 빗대어 기뻐한 것입니다.

미치나가는 훗날, 교토의 호조사(法成寺)라는 큰 사찰을 짓고, 잠시 그 사찰에서 지내다가 사망했습니다. 그 후 아들 요리미치(賴通), 노리미치(敎通) 형제가 잇달아 섭정, 관백이 되어 또다시 영화를 누렸습니다. 이즈음

귀족들은 대부분 사치로 흘러 유락(遊樂)에 빠져, 그 풍속은 극도로 화려했습니다.

귀족의 유락

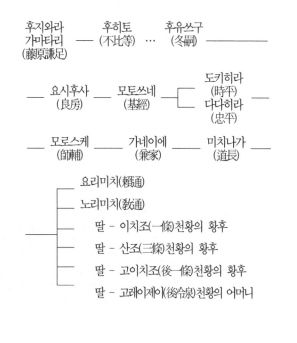

후지와라   후히토   후유쓰구
가마타리 ── (不比等) ··· (冬嗣) ──────
(藤原謙足)

                               도키히라
                                 (時平)
── 요시후사 ── 모토쓰네 ──┌
   (良房)   (基經)   다다히라 ──
                                 (忠平)

── 모로스케 ──── 가네이에 ── 미치나가 ──
   (師輔)   (兼家)   (道長)

   ┌── 요리미치(賴通)
   ├── 노리미치(敎通)
   ├── 딸 - 이치조(一條)천황의 황후
   ├── 딸 - 산조(三條)천황의 황후
   ├── 딸 - 고이치조(後一條)천황의 황후
   └── 딸 - 고레이제이(後令泉)천황의 어머니

제18 고산조(後三條)천황

후지와라가문의 세력이 가장 왕성했던 때는 미치나가(道長)와 요리미치(賴通)의 시기였으며, 제71대 고산조(後三條)천황이 등극함에 따라, 점차 쇠락하기 시작했습니다.

고산조천황은 12세 때 제70대 고레이제이(後冷泉)천황의 황태제(皇太弟)가 되어 20여 년 동안 동궁에 계셨습니다. 그런데 천황의 어머니가 후지와라가문이 아니었으므로 관백 요리미치(賴通)는 고산조가 동궁으로 계신 것을 좋아하지 않아, 종종 예(禮)를 잃은 듯한 행동을 할 때가 있었습니다. 천황은 타고난 엄격한 성품을 지니신 데다 오에노마사후사(大江匡房)를 스승으로 하여 학문에 정진하셨으므로, 요리미치는 은근히 천황을 두려워하여 즉위하기 전에 관백을 사임하고 우지(宇治)에 은거해버렸습니다.

후지와라가문 쇠퇴하기 시작하다

관백 요리미치 천황을 두려워하다

요리미치 우지에 은거하다

고산조(後三條)천황 학문에 힘쓰다

관백 노리미치가 천황을 꺼리다 고후쿠사 천황 정치에 힘쓰다 검약 요리미치 천황승하를 탄식하다 인세이의 시작	뒤이어 그의 동생 노리미치(敎通)가 관백이 되었습니다만, 또 세력을 믿고 자주 천황의 뜻을 거역한 일이 있었습니다. 어느 날 노리미치는 그의 우지데라(氏寺, 가문의 사당)가 있는 나라(奈良)의 고후쿠사(興福寺) 경내의 난엔당(南圓堂)을 재건하는 일에 관하여 특별한 요청을 하였습니다만, 천황은 좀처럼 허락하시지 않았습니다. 노리미치는 이때부터 천황을 몹시 두려워하여, 그 행동을 삼가게 되었습니다. 　천황은 후지와라가문의 세력을 억압하셨을 뿐만 아니라, 검약을 취지로 하는 정치에 진력하셨습니다. 어느 날 이와시미즈하치만궁(岩淸水八幡宮)에 행차하셨습니다만, 관람자들의 가마에 화려한 금붙이로 치장되어 있는 것을 보시고, 이것을 떼어내게 하신 일도 있었습니다. 이처럼 문란해진 정치를 일신하여 인심을 다잡았습니다만, 머지않아 황위를 아들 제72대 시라카와(白河)천황에게 양위하시고, 곧 승하하셨습니다. 그 때 우지에 있던 요리미치마저 무의식중에 탄식하며, "이 나라에 이보다 더한 불행은 없다."고 아쉬움을 표명하였습니다. 　시라카와천황도 역시 정치를 후지와라가문에게 맡기지 아니하고, 황위를 양위하신 뒤로도 여전히 원내(院內)에서 정무를 보시게 되었습니다. 이를 인세이(院政)라고 합니다. 이때부터 후지와라가문의 세력은 점점 더 쇠퇴하였습니다.

제19 미나모토노요시이에(源義家)

무가의 발흥

후지와라가문이 영화의 절정에 있을 때, 이에 억눌려 있던 사람들 중에 재기있는 사람은 지방관리가 되어 여러 지방으로 내려가서, 그대로 정착하여 넓은 토지를 소유하고 많은 병사들을 길러, 무가(武家)로서 세력을 떨치게 되었습니다. 무가 가운데 맨 먼저 등장한 것은 미나모토가문(源氏)이었습니다.

세이와 미나모토가문

미나모토가문은 제56대 세이와(清和)천황 때부터 출현하여 대대로 공을 세우며 무사의 이름을 드높였습니다만, 요시이에(義家) 때에 이르러 특히 유명해졌습니다.

요리요시 요시이에와 함께 무쓰의 아베가문을 공격하다 요리요시 아베가문을 멸망시키다 기요하라노 다케노리 요시이에의 자비 요리요시 머나면 황궁에 절하다	미나모토노요시이에(源義家)는 미나모토노요리요시(源賴義)의 장남으로, 하치만 타로(八幡太郎)로 불리며, 견줄 만한 사람이 드물 정도의 명장입니다. 고레이제이(後冷泉)천황 치세에 무쓰(陸奧)의 아베노요리토키(安倍賴時)가 반역하였으므로, 요리요시(賴義)는 조정의 분부를 받들어 무쓰로 내려가 요리토키(賴時)를 주살하였습니다. 요시이에는 이때 아버지를 따라 전투에 가담하여, 아버지와 함께 더 나아가 요리토키의 아들 아베노사다토(安倍貞任), 아베노무네토(安倍宗任) 등을 공격했습니다. 요리요시는 적의 세력이 너무 강했기 때문에, 데와(出羽)의 기요하라노다케노리(淸原武則)에게 도움을 청하여, 함께 적을 무찌르고자 고로모가와관(衣川館)으로 쳐들어갔습니다. 천하의 아베노사다토(安倍貞任)도 이를 방어하기 어려워 도망치기 시작했던 참에, 요시이에는 이를 쏘아 죽이려고 추격하며, 말 위에서 소리 높여 "옷의 날줄이 터져버렸다(고로모가와관은 함락되었다)"라고 하자, 사다토(貞任)가 뒤돌아보며, "오래되어 실이 헝클어져서(몇 년에 걸친 전쟁으로 너무 힘들어서)"라고 대답하였으므로, 요시이에(義家)는 크게 감동하여 활에 메긴 화살을 풀어, 그대로 사다토(貞任)를 도망가게 하였습니다. 사다토는 위기를 벗어나 구리야가와(廚川)의 성에서 버티었습니다. 요리요시는 성을 포위하고 멀리 교토의 황궁을 경배하고, 다시 이와시미즈하치만궁(岩淸水八幡宮)에 기도한 후 불을 질러 공격하여 마침내 사다토 등을 참수하고, 무네토(宗任) 등을 포박하여 쟁란을 완전히 평정하였

젠쿠넨노에키	습니다. 이것을 '젠쿠넨노에키(前九年の役, 전9년 전쟁)' 라고 합니다. 요리요시는 가마쿠라(鎌倉)에 하치만궁(八 幡宮)을 세워 신의 은혜에 감사했습니다.
요시이에 병 법을 배우다	요시이에는 교토로 돌아온 후, 관백 요리미치(賴通)의 저택으로 가서 전투 이야기를 하였습니다. 오에노마사후 사(大江匡房)가 이것을 듣고, "요시이에는 대장다운 재능 은 있지만, 애석한 점은 아직 병법을 모른다."고 하였습니 다. 요시이에의 부하가 매우 분노하여 이를 요시이에에게 고해 바쳤는데, 요시이에는 조금도 노하지 않고 "정말 그 렇다."라 하고, 곧 마사후사에게 병법을 배웠습니다.

요시이에(義家) 복병을 알아채다

오우지방이 다시 혼란 해지다	시라카와(白河)천황 치세가 되자, 기요하라노타케노리(淸 原武則)의 자손 사이에 분쟁이 일어나, 오우(奧羽)지방이 다시 혼란스러워졌습니다. 그때 요시이에는 무쓰노카미

요시이에 들판에 복병이 있는 것을 알아 채다	(陸奧守, 무쓰의 수령)가 되어, 이를 진압하려고 다케노리의 아들 다케히라(武衡)를 치려고 데와(出羽)의 가나자와성(金澤城)으로 쳐들어갔습니다. 요시이에가 군사를 이끌고 성으로 향하는 도중, 하늘을 날아가는 기러기가 갑자기 열을 흩트리며 어지럽게 날아다녔습니다. 요시이에는 이것을 보고 병법에, "들판에 복병이 있을 때는 나는 기러기가 열을 흩트린다."고 적혀있던 것을 떠올리고, 나뉘어 그 들판을 수색하게 하자, 역시나 적의 복병을 발견하고 즉시 이를 모두 죽였습니다. 요시이에는 그 때, 부하에게 "자신이 만약 병법을 배우지 않았더라면 위험한 꼴을 당할 뻔 했다."고 말했습니다.
동생 요시미쓰가 와서 형을 돕다	요시이에의 동생 신라사부로 요시미쓰(新羅三郎義光)는 형의 신상을 염려하여 관직을 사직하고, 멀리 교토에서 내려왔습니다. 요시이에는 눈물을 흘리며 기뻐하며, "잘 와 주었다. 돌아가신 아버지를 만난 것 같다."고 하였습니다. 그리고 형제가 힘을 합하여 더욱더 적을 공격하기 시작했습니다.
마침내 오우를 평정하다	다케히라(武衡) 무리들은 요시이에 등을 잘 막아내며 쉽사리 굴복하지 않았습니다만, 그러는 동안 군량이 부족하게 되어 세력이 점차 쇠퇴해져, 결국 성에 불을 지르고 도망쳤습니다. 요시이에는 이를 추격하여 다케히라 등을 참수하고, 오우지방을 완전히 평정하였습니다. 이
고산넨노에키	때가 제73대 호리카와(堀河)천황 치세의 초기에 있었던 일로, 세상에서는 이 전쟁을 '고산넨노에키(後三年の役, 후3년 전쟁)'라고 합니다.

미나모토노요시이에(源義家)가 동생 이에미쓰(義光)를 진영에서 만나다

미나모토가 문이 도호쿠 지방에서 세 력을 얻다

이 쟁란 이후, 요시이에는 부하 장수를 위하여 상을 내려 달라고 조정에 요청하였습니다만, 윤허가 없었으므로 자기의 재물을 나누어 주었습니다. 이로부터 요시이에는 무사들 사이에서 더욱 존경받게 되었고, 미나모토 가문의 세력은 특히 도호쿠지방(東國)에서 나날이 번창하게 되었습니다.

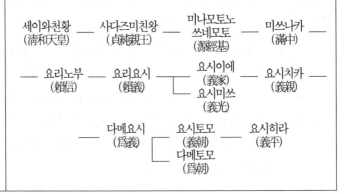

제20 다이라가문(平氏)의 발흥(勃興)

미나모토가문(源氏)과 필적하는 이름난 무가(武家)는 다이라가문(平氏)입니다. 다이라가문은 간무(桓武)천황 때부터 출현하여, 다이라노키요모리(平淸盛) 때에 이르러 크게 두각을 나타냈습니다.

후지와라노
요리나가스
토쿠상황에
게권하여거
병하다
1816년

그 무렵, 좌대신(左大臣) 후지와라노요리나가(藤原賴長)는 그의 형 관백 다다미쓰(忠通)와의 사이가 좋지 않았습니다. 제77대 고시라카와(後白河)천황의 호겐(保元) 원년, 요리나가(賴長)는 천황의 형 스토쿠(崇德)상황의 아들 시게히토(重仁)친왕을 즉위시키고 자신은 관백이 되려고, 상황께 거병할 것을 권했습니다. 그리고 요리이에의 손자 미나모토노다메요시(源爲義)를 초대하였습니다. 그래서 다메요시(爲義)는 그 아들 다메토모(爲朝) 등과 함께 상황의 처소로 갔습니다만, 다메요시의 장자 요시토모는 다이라노키요모리(平淸盛) 등과 함께 천황의 부름을 받고 황궁으로 갔습니다.

요리나가 군
패배하다

미나모토노
다메토모 야
습을 권하다

다메토모의
계략이 수용
되지 않다

다메토모(爲朝)는 그때 18세로, 무용(武勇)이 사람들 가운데 뛰어난데다 활의 명인이었습니다만, 요리나가(賴長)가 군의 계략을 물어왔기 때문에 야습 할 것을 열심히 권했습니다. 그러나 요리나가는 이것을 받아들이지 않았습니다. 그런데 요시토모(義朝)와 기요모리(淸盛)에게 오히려 야습을 당하였으므로, 다메토모(爲朝) 등은 이에 맞서 용감하게 싸웠지만, 결국 패하였습니다. 그래서 상황(上皇)은 사누키(讚岐)로 옮겨가시고, 요리나가

호겐의 난	(賴長)는 화살에 맞아 사망하였으며, 다메요시(爲義)는 참수당하고, 다메토모(爲朝)는 이즈(伊豆)의 오시마(大島)로 유배당했습니다. 세상에서는 이것을 '호겐의 난(保元の亂)'이라 합니다.
후지와라노 노부요리 요시토모와 결탁하다	기요모리(淸盛)와 요시토모(義朝)는 각각 그 공을 포상 받았습니다만, 기요모리는 그 무렵 세력 있는 후지와라노 미치노리(藤原通憲)와 절친하여 점점 세력을 더해갔기 때
요시토모의 불평	문에, 요시토모(義朝)는 불평스러워 견딜 수 없었습니다. 제78대 니조(二條)천황 치세에 이따금 후지와라노노부요 리(藤原信賴)가 고시라카와(後白河)상황께 청하여 높은 관직을 얻고자 했는데, 미치노리(通憲)에게 방해받아 그것
노부요리 미 치노리를 원 망하다	을 얻을 수 없었습니다. 그래서 노부요리(信賴)는 미치노 리(通憲)를 깊이 원망하여, 몰래 요시토모(義朝)와 결탁하 여 미치노리(通憲) 등을 제거 할 것을 도모하였습니다.
요시토모와 노부요리 반 역하다 1819년	헤이지(平治) 원년, 기요모리는 그 아들 시게모리(重盛) 등과 함께 기이(紀伊)에 있는 구마노(熊野)의 신사를 참 배하려고 교토를 떠났습니다. 그 틈을 노려 노부요리(信 賴)와 요시토모(義朝)는 갑자기 군사를 일으켰고, 신변의 위험을 깨닫고 교토를 벗어나려는 미치노리(通憲)를 쫓아
미치노리를 죽이다	도중에 죽였으며, 그 세력을 이용하여 황공하게도 상황의 처소를 불태우고 상황과 천황을 감금하였습니다.
기요모리 요 시토모군을 격파하다	기요모리(淸盛)는 도중에 이 일을 듣고, 시게모리(重 盛)의 권유에 따라 황급히 교토로 돌아와서, 은밀하게 천황을 자신의 저택으로 모셔오도록 했습니다. 상황 또 한 황궁을 벗어나셨습니다.

다이라노기요모리(平淸盛) 니조(二條)천황을 저택에 모셔오다

거기서 천황은 기요모리(淸盛)에게 명하여 요시토모(義朝) 등을 토벌하게 하셨습니다. 기요모리는 그 분부를 받아 시게모리 등을 보내 황궁에 주둔해 있는 적을 공격하게 하였습니다. 미나모토가문(源氏)의 백기(白旗)와 헤이케(平家)의 적기(赤旗) 둘 다 아침 바람에 휘날리며 용맹스럽게 보였습니다. 시게모리는 말 위에서 병사를 격려하며, "연호는 헤이지(平治), 땅은 헤이안(平安), 우리는 다이라가문(平氏)이다. 적을 평정하는데 무슨 어려움이 있으랴."라 외치고는, 성 안으로 쳐들어가서 시신덴(紫宸殿) 앞에 다다랐을 때, 요시토모의 장자 요시히라(義平)가 말을 달려 맞아 싸웠고, 사콘노사쿠라(左近櫻), 우콘노다치바나(右近橘)를 에워싸고 추격하였으므로,

시게모리와 요시히라의 결전

헤이지의 난	시게모리는 때를 보아 재빨리 성문 밖으로 철수하였습니다. 요시토모는 이 기세를 이용해 다이라가문의 군대를 추격했습니다만, 전투에서 패배하여 퇴각하려던 참에, 황궁은 이미 다이라가문의 군대에 점령당해버렸기 때문에, 그대로 아즈마노구니(東國)로 빠져나갔습니다. 요시토모는 오와리(尾張)에서 가신에게 살해되었고, 뒤이어 노부요리, 요시히라 등은 잡혀서 죽임당했습니다. 세상은 이것을 '헤이지의 난(平治の亂)'이라 합니다. 이 때부터 다이라가문은 점차 번성하게 되었습니다.

간무천황 ── 가쓰라와라 친왕 ── 다카미왕 ── 다이라노 다카모치
(桓武天皇)   (葛原親王)   (高見王)   (平高望)

┌ 구니카 ── 사다모리 ‥‥다다모리 ──
│ (國香)   (貞盛)   (忠盛)
└ 요시마사 ── 마사카도
  (良將)   (將門)

┌ 기요모리 ┬ 시게모리 ── 고레모리
│ (淸盛)   │ (重盛)   (維盛)
│   └ 무네모리
│   (宗盛)
└ 쓰네모리 ── 아쓰모리
  (經盛)   (敦盛)

제21 다이라노시게모리(平重盛)

다이라가문의 전성기

헤이지의 난 이후, 기요모리(淸盛)의 위세는 날로 왕성해지고 벼슬도 계속 올라 마침내 태정대신(太政大臣)에 임명되었습니다만, 머지않아 이를 사직하고 머리를 깎고 출가해버렸으므로, 세상 사람들은 이를 태정입도(太政入道)라 불렀습니다. 이에 따라 일족도 모두 높은 벼슬에 올라, 그 영지는 30여 지방에 걸쳐 후지와라가문을 능가하는 영화를 누렸습니다. 그리고 "다이라가문(平氏)에 없는 것은 어느 누구에게도 없다."며 자만하는 사람조차 있어, 기요모리의 방자함도 점차 심해져갔습니다.

기요모리의 불충

고시라카와(後白河)법황은 이를 보고 기요모리를 진압하려고 생각하셨고, 또 가까운 신하 등도 기요모리의 방자함을 분개하여 은밀하게 다이라가문(平氏)을 멸망하게 하려는 모략을 꾸미고 있었습니다. 기요모리는 이를 알고 크게 분노하여 그 사람들을 잡아 엄중하게 벌하였고, 또 법황(法皇)을 감금하려고 일족을 불러 모았습니다.

시게모리 아버지에게 간언하다

기요모리에게 초대받은 사람들은 모두 무장을 하고 기요모리의 저택으로 몰려들던 참인데, 시게모리(重盛)만은 평상시 입던 복장으로 유유히 왔으므로, 동생 무네모리(宗盛)가 그 소매를 잡아당기며, "이 정도로 위급한 일에 왜 무장을 하지 않으셨습니까?"라 하였습니다. 그러자 시게모리는 조용히 이를 바라보며, "위급하다니 무슨 일인가? 역적이 어디에 있는가? 나는 근위대장(近衛

大將)이다. 조정의 대사가 아닌 한 무분별하게 무장을 해서는 안 된다."며 훈계하였습니다. 그리고 아버지 앞에 앉아서 눈물을 뚝뚝 흘리며, "세상에는 많은 은혜가 있습니다만, 가장 귀중한 것은 황은입니다. 다이라가문(平氏)이 아버님에 이르러 영달의 정점에 올라, 저희들까지도 높은 벼슬을 얻고 있는 것은 모두 고마운 천황의 은혜입니다. 이것을 잊고 천황의 위엄을 가벼이 여긴다면 당장 천벌이 내려질 것입니다. 아버님이 혹시라도 이번 일을 멈추지 않으신다면, 시게모리는 군사를 이끌고 법황을 지켜드릴 것입니다. 그러나 아버님께 맞서는 일도 견딜 수 없습니다. 아버님이 반드시 이 계획을 달성하려고 하신다면, 먼저 시게모리(重盛)의 목을 치십시오."라며 눈물로 간언하였습니다. 그 진심에 마음이 움직여 천하의 기요모리도 그 일을 멈추었습니다. 시게모리는 실로 충(忠)과 효(孝) 두 가지의 도리를 다한 사람입니다.

시게모리 충효의 도리를 다하다

다이라노시게모리(平重盛) 아버지 기요모리의 불충을 간언하다

제22 무가(武家)정치의 기원

미나모토노
요리마사
거병하다

다이라노시게모리(平重盛)는 언제나 아버지 기요모리(淸盛)의 악행을 근심하고 있었습니다만, 병 때문에 아버지보다 먼저 세상을 떠났습니다. 그 후 기요모리는 누구에게나 횡포를 서슴지 않았으며, 마침내 고시라카와(後白河)법황을 연금하기까지 하였습니다. 그래서 미나모토노요리마사(源賴政)는 다이라가문(平氏)을 멸하고 법황을 구하려 생각하여 법황의 아들 모치히토(以仁)왕을 받들고, 거병을 위해 여러 지방의 미나모토가문(源氏)에 왕명(王命)을 전했습니다. 그 병사가 아직 모이지 않은 상

요리마사 패
하여 자살하
다

태에서 요리마사(賴政)는 우지(宇治)전투에서 패하여 자살하였고, 왕도 활에 맞아 서거하셨습니다. 그러나 미나모토노요리토모(源賴朝)를 비롯하여 여러 지방의 미나모토가문은 왕명에 따라 일시에 일어났습니다.

미나모토노
요리토모 거
병하다

호조 도키마
사

요리토모 가
마쿠라에 웅
거하다

후지가와의
대진

요리토모(賴朝)는 요시토모(義朝)의 아들입니다. '헤이지의 난' 이후 14세에 이즈(伊豆)로 유배되어 그곳에서 20년 세월을 보냈습니다만, 모치히토(以仁)왕의 명을 받고 그 지역의 호족 호조 도키마사(北條時政) 등과 함께 앞장서서 거병하였습니다. 도호쿠지방(東國)에는 예로부터 미나모토가문에게 의지하는 무사가 많이 있었으므로, 요리토모는 이 사람들을 거느리고 가마쿠라(鎌倉)에 웅거하였습니다.

기요모리(淸盛)는 그 소식을 듣고 손자 고레모리(維盛) 등을 보내 요리토모(賴朝)를 치게 하였습니다. 요리토모

도 대군을 이끌고 스루가(駿河)로 나아가, 다이라가문의 군대와 후지가와(富士川)를 사이에 두고 진을 쳤습니다. 그런데 다이라가문의 군대는 어느 날 밤, 물새가 날아오르는 날개소리를 듣고 적이 쳐들어 온 것으로 착각하여, 활과 화살을 버리고 도망갔습니다.

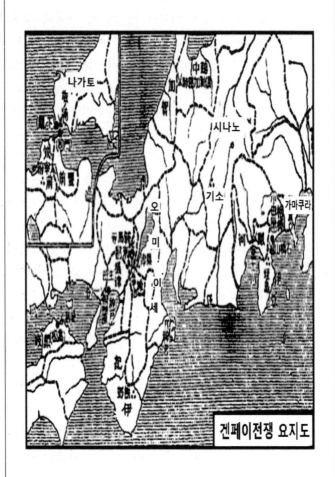

겐페이전쟁 요지도

미나모토노 요시쓰네가 와서 만나다	요리토모(賴朝)는 도호쿠지방을 굳건히 하기 위해 도망가는 적을 쫓지 않고, 가마쿠라로 귀환하였습니다. 그 도중에 동생 요시쓰네(義經)를 만났습니다. 요시쓰네는 '헤이지의 난' 이후, 아직 어렸기 때문에 구라마사(鞍馬寺)라는 사찰에 맡겨졌습니다만, 이따금 자기 집안의 족보를 보면서 자기가문이 좋은 가문임을 깨닫고, 다이라가문(平氏)을 멸하려고 결심하여 열심히 학문과 무예에 힘썼습니다. 그 후 오슈(奧州) 히라이즈미(平泉)로 내려
후지와라노 히데히라	가 그 지역의 호족 후지와라노히데히라(藤原秀衡)에 의지하고 있었습니다만, 요리토모(賴朝)가 군대를 일으켰다는 소식을 듣고 멀리서 올라왔던 것이었습니다.
미나모토 노요시나카 거병하다	요리토모의 사촌동생 요시나카(義仲)는 어릴 적부터 시나노(信濃)의 기소(木曾) 산중에서 자랐습니다만, 요리토모와 같은 시기에 군사를 일으켜, 시나노에서 호쿠리쿠지방(北國)으로 진출하여 다이라가문의 대군을 엣추(越中)의 구리카라(俱利加羅)계곡으로 추락시키고, 진격하여 교토로 압박해나갔습니다. 그 무렵 기요모리는 이미 병으로 사망하였기 때문에 그 아들 무네모리(宗盛)
다이라가문 의 낙향	가 일족과 함께 제81대 안토쿠(安德)천황을 모시고 긴키지방(西國)으로 빠져나갔습니다.
요시나카 패 하여 죽다	요시나카는 즉시 교토로 들어갔습니다만, 난폭한 행위가 많았기 때문에, 요리토모는 고시라카와법황의 명을 받들어 동생 노리요리(範賴), 요시쓰네(義經)를 보내어 이를 무찌르게 하였습니다. 이때 요시쓰네의 부하 사사키 다카쓰나(佐々木高綱)와 가지와라 가게스에(梶原影季) 등은 앞 다투어 우지강(宇治川)을 건너가 요시나카의 군대를

크게 무찔렀습니다. 요시나카는 오미(近江)의 아와즈(粟津)에서 전사했습니다.

구마가이 나오자네(熊谷直實) 다이라노아쓰모리(平敦盛)를 불러 되돌아오게 하다

이치노타니의 전투

그 동안에 다이라가문은 다시 세력을 만회하여 셋쓰(攝津)의 후쿠하라(福原)로 돌아갔으므로, 노리요리(範賴)와 요시쓰네(義經)는 다시 요리토모(賴朝)의 명에 따라 길을 나누어 이를 공격하였습니다. 요시쓰네는 험준한 히요도리고에(鵯越)를 내려가 적의 뒤로 나왔으므로, 다이라가문의 군대는 크게 패하였고, 무네모리(宗盛)는

구마가이 나오자네와 다이라노아쓰모리	천황을 모시고 사누키(讚岐)의 야시마(屋島)로 피신했습니다. 그때 다이라노아쓰모리(平敦盛)는 단독으로 말을 타고 바다로 들어가, 앞바다의 배를 목표로 헤엄쳐가려던 참이었는데, 요시쓰네의 부하 구마가이 나오자네(熊谷直實)가 불러 세웠으므로 소년임에도 불과하고 즉시 말을 되돌려 나와 나오자네(直實)와 맞붙어 싸우다 장렬히 전사하였습니다.
야시마 전투	그 후 요시쓰네는 강풍을 무릅쓰고 배를 내어, 시코쿠로 건너가서 육상에서부터 야시마(屋島)의 후미로 다가가 불을 지르고 이들을 공격하여, 다이라가문을 긴키지방으로 내쫓았습니다. 이 전투에서 요시쓰네의 부하 나스노요이치(那須与一)는 적의 배에 높이 걸려있는 부채의 사북을 명중시켜, 오래도록 후세에 영예를 남겼습니다.
나스노요이치 부채의 사북을 명중시키다	
단노우라 전투	요시쓰네는 도망가는 다이라가문의 군대를 쫓아 나가토(長門)의 단노우라(壇浦)에서 크게 싸웠습니다. 다이라가문의 여러 장군도 용맹을 떨치며 싸웠지만 효력을 잃어, 일족이 모조리 장렬한 최후를 마치고 멸망했습니다. 안토쿠(安德)천황도 이때 승하하셨습니다. 그것이 주에이(壽永) 4년(서기1185) 봄의 일이었습니다.
다이라가문의 멸망	
1185년	
요시쓰네의 최후	요시쓰네는 다이라가문을 멸망시켜 큰 공을 세웠습니다만, 약간 방자한 행동이 있었으므로 요리토모의 분노에 부딪혀 교토를 떠나 다시 히라이즈미(平泉)로 내려가서 히데히라(秀衡)에 의지하였습니다. 히데히라가 사망한 후, 그 아들 야스히라(泰衡)는 요리토모의 명에 따라 요시쓰네(義經)를 죽였습니다. 요리토모는 야스히라가 오랫동안 요시쓰네를 숨겨주고 있었던 일을 책망하며,

요리토모오슈 를 평정하다	스스로 대군을 이끌고 오슈(奧州)로 내려가서 야스히라(泰衡)를 공격하여 멸망시킴으로써 완전히 천하를 평정하였습니다.

후지(富士)의 스소노(裾野)의 사냥

요리토모의 정치	이렇게 해서 나라 안은 모조리 요리토모의 위세에 복종하였습니다만, 요리토모는 거만한 다이라가문이 오랫동안 무사안일하게 지내다 멸망한 것을 거울삼아, 높은 벼슬에 올라 교토사람들과 교류하는 것을 좋아하지 않았기에, 가마쿠라에 있으면서 검소한 생활을 하였으며,

부하들에게도 검약할 것을 권장했습니다. 또한 후지의 스소노(裾野)를 비롯한 여러 곳에서 이따금 사냥을 개최하게 하여 무예를 격려하며 무사의 용기를 기르게 했습니다. 그리고 고토바(後鳥羽)천황의 겐큐(建久) 3년(기원1852, 서기1192) 요리토모는 정이대장군(征夷大將軍)에 임명되어, 가마쿠라에 막부(幕府)를 열고 일본의 정치를 행하게 되었습니다. 이때부터 약 700년 동안 무가정치가 이어졌습니다.

정이대장군에 임명되다

가마쿠라에 막부를 개설하다

무가정치

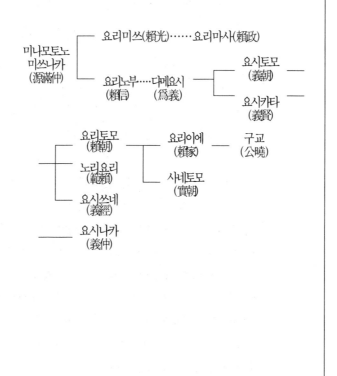

제23 고토바(後鳥羽)상황

고토바상황 오랫동안 섭정을 행하다

　제82대 고토바(後鳥羽)천황은 황위를 양위하신 뒤, 상황(上皇)으로서 오랫동안 정국을 돌보셨습니다. 그 사이에 두 아들 제83대 쓰치미카도(土御門)천황, 제84대 준토쿠(順德)천황이, 그리고 손자가 제85대 주쿄(仲恭)천황으로 잇따라 즉위하셨습니다.

미나모토가문이 멸망하고 호조가문의 세상이 되다

　미나모토노요리토모(源賴朝)는 천하를 평정하고 세력을 떨쳤습니다만, 요시쓰네(義經)를 멸하고 또 노리요리(範賴)도 의심하여 제거하는 등, 자기 일족을 소외시켰으므로 미나모토가문은 자연히 쇠퇴하기 시작했습니다.

호조 도키마사

그런데 요리토모의 장인 호조 도키마사(北條時政)는 요리토모가 군사를 일으켰을 때부터 이를 잘 도와서, 이윽고 막부의 정치에 참여하여 점차 세력을 얻었습니다. 도키마사(時政)는 요리토모가 사망한 후, 뒤이어 장군(將軍)이 된 요리이에를 폐하고 그의 동생 사네토모(實朝)를 장군으로 하였습니다.

사네토모 구교에게 살해당하다

요리이에의 아들 구교(公曉)는 사네토모를 원망하며, 사네토모가 쓰루가오카하치만궁(鶴岡八幡宮)에 참배했을 때, 은밀히 엿보다가 그를 살해하였습니다만, 구교(公曉)도 역시 도키마사(時政)의

호조 요시토키 싯켄이 되다

아들 요시토키(義時)에 의해 살해되었습니다. 요리토모의 자손은 이렇게 끊어졌기 때문에, 요시토키(義時)는 교토에서 요리토모와 먼 친척인 어린 주군을 맞아 장군으로 하고, 자신은 싯켄(執權, 장군 보좌역)이 되어 막부의 권력을 손에 쥐었습니다.

고토바상황 요시토키를 토벌하시다
1881년

　고토바상황은 천성이 엄격하셔서 항상 일과를 정하여 일을 시행하셨으며, 비바람이 부는 날에도 결코 이를 어기지 않을 정도였습니다. 그 때문에 상황은 막부가 제멋대로 천하의 정치를 휘두르는 것을 분개하셔서, 기회만 있으면 정권을 조정으로 되돌리려고 생각하셨습니다. 그런데 요리토모의 자손이 끊겼는데도 막부의 정치는 그대로였으며, 그뿐만 아니라 요시토키(義時)는 이따금 상황의 뜻을 거역하였으므로, 상황은 결국 주쿄(仲恭)천황 치세인 조큐(承久) 3년(서기1221), 여러 지방의 무사를 불러 요시토키를 토벌하게 하셨습니다.

고토바(後鳥羽)상황

조큐의 난	요시토키(義時)는 그 아들 야스토키(泰時) 등에게 대군을 이끌고 교토에 쳐들어가게 하여 상황을 따르는 사람들을 참수하거나 유배 보냈고, 황송하게도 고토바상황을 오키(隱岐)에, 준토쿠상황을 사도(佐渡)에, 쓰치미카도(土御門)상황을 도사(土佐)에 위리안치 하였으며, 주쿄(仲恭)천황을 폐하고 제86대 고호리카와(後堀河)천황을 즉위시켰습니다. 세상에서는 이 일을 '조큐의 난(承久の變)'이라고 합니다. 이것은 실로 전례 없는 큰 사변이었
요시토키의 대죄	으므로, 요시토키(義時)의 대죄는 도저히 사면할 수 없는 것입니다.
호조가문의 세력이 왕성해지다	이후 호조(北條)가문은 일족 사람을 번갈아 교토의 로쿠하라(六波羅)에 두고, 교토부근의 기나이(畿內)와 긴키지방(西國)의 정치를 행하게 하였으므로, 그 세력이 점점 번창하게 되었습니다.
오키의 거처	세 분의 상황은 모두 머나먼 외딴섬(孤島)에서 근심스런 세월을 보내시다가, 마침내 그 곳에서 숨을 거두셨습니다. 그 가운데서도 고토바상황의 오키(隱岐) 처소는 겨우 비바람을 피할만한 임시거처였으므로, 상황은 어느 날 바닷바람이 강하게 휘몰아치는 것을 보시고,

われこそは 新島守よ おきの海の あらきなみ風 こゝろ
して吹け
(나야말로 새로운 섬지기로세. 오키바다 거친 풍파여!
조심조심 불어다오!)

라 읊으셨습니다. 고토바상황은 19년 동안 이곳에 계셨으며, 향년 60세로 돌아가셨습니다.

호조
도키마사
(北條時政) ── 마사코(政子)(요리토모의 처)
　　　　　　 요시토키 ── 야스토키 ── 도키우지 ──
　　　　　　 (義時)　　 (泰時)　　 (時氏)

── 도키요리 ── 도키무네 ── 사다토키 ── 다카토키
　　(時賴)　　 (時宗)　　 (貞時)　　 (高時)

제24 고려와 몽고

고려의 태평성대

고려는 태조 때로부터 대략 100년을 지나 문종(文宗) 때, 나라가 잘 다스려져 불교가 매우 번창하였고 학문과 미술도 크게 발전하였습니다.

고려 쇠퇴하다

문종으로부터 여러 대를 거쳐 인종(仁宗)시대에 이르러 권신(權臣)이 정치를 독차지하여, 또다시 내란이 일어났으므로, 국력이 점차 쇠하여 북쪽지방 금(金)나라의 속국이 되었습니다. 그 다음 의종(毅宗)은 너무나 정치에 마음을 쓰지 않았으므로, 문신(文臣)과 무신(武臣) 간에 격렬한 분쟁이 일어났습니다. 그리고 무신은 수많은 문신을 죽이고, 또 왕을 폐하고 이어서 시해하기에 이르렀습니다. 이때부터는 완전히 무신들의 세상이 되었습니다. 그것이 제80대 다카쿠라(高倉)천황 때의 일로, 다이라가문(平氏)이 한창 번성할 때입니다.

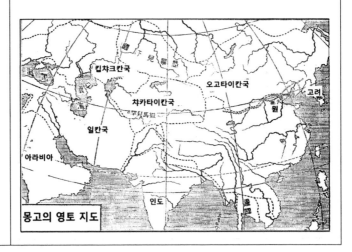

몽고의 영토 지도

몽고 강해 지다	쓰치미카도(土御門)천황 때, 중국 북쪽에 있는 몽고가 갑자기 강해져서 차츰 많은 지역을 공략하여 큰 영토를 지배하게 되었습니다.
고려 몽고에 복종하다	고려는 의종(毅宗)으로부터 몇 대를 거쳐 고종(高宗) 때에 이르러, 몽고의 침략을 받아 도읍을 개성(開城)에서 강화도(江華島)로 옮겼기 때문에, 온 나라는 몽고 병사들로 인해 엉망이 되었습니다. 그래서 고종은 태자를 몽고에 보내 신하로서의 예의를 다했기 때문에, 그 재난(災)은 가까스로 그치게 되었습니다.
더욱더 몽 고와 친밀 해지다	태자는 몽고에서 돌아온 후, 왕위에 즉위하여 원종(元宗)이 되었습니다. 원종은 도읍을 다시 개성으로 옮겼습니다만, 고려는 완전히 몽고의 속국이 되었습니다. 이후 대대의 왕은 더욱더 그 나라와 친밀해져서 온 나라에 명하여 그 나라 의복을 입게 할 정도였습니다.

제25 호조 도키무네(北條時宗)

도키무네의 무용

호조 요시토키(北條義時)는 용서받을 수 없는 무도한 행동을 하였습니다만, 그 자손인 도키무네(時宗)는 몽고의 대군을 무찔러 일본의 국위를 크게 빛냈습니다. 도키무네는 도키요리(時賴)의 아들로, 사가미 다로(相模太郞)라 불리며, 호방한 기상을 타고난 데다 활쏘기의 명인이었습니다. 어느 날 장군(將軍)이 무사들을 불러 활을 쏘게 하였는데, 사람들은 과녁에 명중시키는 것은 무리라고 생각하여 주저하고 있었는데도, 불과 11세 밖에 되지 않은 도키무네는 조금도 기죽지 않고 홀로 말을 타고 나아가, 단 1발로 과녁에 명중하여 크게 호평을 받았던 적이 있었었습니다. 도키무네는 제90대 가메야마(龜山)천황 치세에 18세 나이로 막부의 정권을 잡게 되었습니다.

도키무네 몽고의 사신을 물리치다

그 무렵, 몽고는 이미 고려를 정복하고 그 여세를 몰아 일본도 복속시키려고, 고려왕에게 명하여 무례한 서한(書)을 일본으로 보내게 하였습니다. 도키무네는 이것을 보고 크게 분노하여 그 사신을 물리쳤습니다.

제1차 몽고 내습

1984년

그 동안 몽고는 중국의 대부분을 정복하고 나라를 원(元)이라 명명하였습니다. 제91대 고우다(後宇多)천황의 분에이(文永) 11년(서기1274)에 원나라군대는 고려의 군대와 연합하여, 대략 4만 군대로서 쓰시마(對馬)와 이키(壹岐)를 침범하고, 지쿠젠(筑前)으로 밀어닥쳐 하카타(博多) 부근에 상륙했습니다만, 일본 장수와 병사들은 용감

하게 이를 막아내고 마침내 적군을 쫓아냈습니다. 세상에서는 이것을 '제1차 몽고내습(文永の役)'이라고 합니다.

원군의 침략도

도키무네의 결심

방루를 구축하다

제2차 몽고내습 1941년

그 후, 원나라 세력은 더욱더 강해져서, 또다시 일본에 사신을 보냈습니다만, 도키무네는 드디어 결심을 굳히고 그 사신을 베어버리고, 하카타만(博多灣) 해안에 방루(防壘)를 구축하게 하여, 원나라 군의 침공에 대비하였습니다.

그 동안에 원나라는 중국을 완전히 정복하였기에, 고안(弘安) 4년(서기1281)에 다시 4만 병사를 내어 조선반도에서 지쿠젠(筑前)으로 향하게 하고, 별도로 중국에서 10만 대군을 출병시켰습니다. 조선반도에서 온 병사는 먼저

가쿠치 다케후사 고노 미치 아리	이키(壹岐)를 침범하고 하카타(博多)로 육박하였습니다만, 기쿠치 다케후사(菊池武房), 고노 미치아리(河野通有) 등의 용사가 방루(防壘)에 의지하여 이를 방어하였고, 또 적함을 습격하여 이들을 괴롭혔습니다. 뒤이어 중국에서 온 대군이 먼저 온 군대와 합세하여, 실로 바로 앞까지 공격해 들어오려던 참에, 갑자기 태풍이 불어서 적함 대부분이 침몰하여, 익사하여 죽은 사람이 그 수를 헤아릴 수 없을 정도였습니다. 도망치다 낙오된 장수와 병사들은 히젠(肥前)의 다카시마(鷹島)로 모여들었습니다만, 살해당하거나 혹은 체포 되었습니다. 세상에서는 이것을 '제2차 몽고내습(弘安の役)'이라고 합니다.  제2차 몽고내습(弘安の役)

상하 일치 단결하여 원구를 물리치다 가메야마상황의 기도 도키무네의 결단

이 두 차례의 전쟁은 일본으로서는 미증유의 대란이 었습니다만, 가메야마(龜山)상황은 이것을 크게 우려하시고 황공하게도 몸소 국난에 대비하여 이세신궁에 기도하셨으며, 도키무네는 굳은 결단으로 전쟁에 임하였고, 국민도 모두 분연히 일어나 상하 일치단결하여, 마침내 이 강적을 물리쳤습니다. 이때부터 원나라는 두 번다시 우리 일본을 넘보지 못했습니다.

제26 고다이고(後醍醐)천황

정권을 되
찾으려 생
각하다

학문을 좋아
하다

제2차 몽고내습 이후, 약 40년이 지나고, 제96대 고다이고(後醍醐)천황이 즉위하였습니다. 천황은 고우다(後宇多)천황의 아들로, 천품이 영명하신 분이어서 학자를 불러 폭넓은 학문을 수학하셨습니다. 천황은 평소에 어심을 정치에 두시고, 고토바(後鳥羽)상황의 뜻을 이어받아 가마쿠라막부를 무너뜨리고 정권을 조정으로 되찾아오려고 생각하셨습니다.

고다이고(後醍醐)천황

가사기산에 행차하시다 호조 다카토키 덕망을 잃다 구스노키 마사시게 행궁에 찾아오다 오키에 유배되시다	이 무렵 막부에서는 호조 도키무네의 손자 다카토키(高時)가 정권을 잡고 있었습니다만, 밤낮 주연에 빠져 정치를 소홀히 하였으므로 크게 덕망을 잃었습니다. 천황은 이것을 보시고, 전부터 지녔던 뜻을 이루려고 은밀히 무사를 부르셨습니다. 다카토키(高時)는 이 말을 듣고 크게 놀라 황급히 군사를 교토로 올려 보냈기 때문에, 천황은 난을 피해 가사기산(笠置山)으로 행차하시게 되었습니다. 그때 가와치(河內) 지방의 곤고산(金剛山) 기슭에 구스노키 마사시게(楠木正成)라는 충직한 신하가 있었습니다. 마사시게(正成)는 천황의 부름을 받고 가사기(笠置)의 천황 계신 곳으로 찾아가서, "적군이 아무리 강하다 해도 지혜를 짜내면, 이를 물리치는 것은 어렵지 않사옵니다. 오직 승패는 군사들의 훈련이기 때문에, 설사 패배하더라도 심려하지 마옵소서. 마사시게가 아직 살아 있다고 들으신다면, 결국은 운이 트일 것이라고 생각해 주소서."라고 믿음직스럽게 아뢰었습니다. 그리고 가와치로 돌아와서 아카사카성(赤坂城)을 구축하여, 천황을 맞으려고 하였습니다만, 적군은 곧 가사기를 점령해버렸습니다. 천황은 후지와라 후지후사(藤原藤房) 등을 따라 가사기(笠置)를 빠져 나와, 낮에는 숨어 지내고 밤에는 유랑하여 몸도 마음도 지쳐서 잠시 나무 그늘에 쉬게 되었는데, 나뭇가지 끝에 매달린 이슬이 뚝뚝 떨어져 어의를 적시고 있었으므로,

천황의 와카	さしてゆく 笠置の山を 出でしより あめが下には かくれがもなし (아카사카성을 향하는 우리들 가사기(笠置)산을 나오고 나서, 비가 내리니 천하에 의지할 곳 없도다!) 라 읊으셨습니다. 후지후사(藤房)는 흐르는 눈물을 참으며,
후지와라 후지후사의 와카	いかにせん 頼むかげとて 立寄れば なほ袖ぬらす 松のしたつゆ (어찌해야 할지, 기대려고 다가서니 소매만 더 적시네. 소나무에서 떨어지는 물방울이여!)
모리나가친왕과 구스노키 마사시게	라는 답가를 올려드렸습니다. 그러는 중에 적에게 발견되어, 천황은 이윽고 오키(隱岐)섬으로 옮겨졌습니다. 적군은 가사기(笠置)를 점령하고 아카사카(赤坂)성으로 쳐들어갔기에, 결국 그 성도 함락되었습니다. 마사시게는 도망 나와 잠시 피신하고 있었습니다만, 얼마 되지 않아 다시 나와서 곤고산(金剛山)에 지하야성(千早城)을 구축했습니다.
친왕 요시노에 기거하다	천황의 황자 모리나가(護良)친왕도 요시노(吉野)에 기거하며 사방에서 의병을 모았습니다만, 적의
무라카미 요시테루	대군에 참패하였습니다. 그때 무라카미 요시테루(村上義光)는 친왕의 갑옷을 입고 변장하여 친왕을 도망시켜 드
마사시게 지하야성에 웅거하다	렸습니다. 마사시게는 얼마 안 되는 병사로써 지하야성에 웅거하여 다양한 계략을 써 가며 적군을 괴롭혔습니다. 그러는 동안에 여러 지방에서는 모리나가친왕의 명을 받들어 근위병을 올려 보내는 일이 잇달아 일어났습니다.

오키를 나
와서 나와
나가토시를
부르시다

천황은 이러한 상황을 들으시고, 은밀히 오키(隱岐)를 나와 호키(伯耆)로 건너가, 그 지역의 호족 나와 나가토시(名和長年)를 부르셨습니다. 나가토시(長年)는 명을 받고 크게 감격하여, "이번에 분부를 받은 것은 가문의 영광이다. 천황을 위해 전쟁터의 시체가 된다 해도, 이름을 후세에 남기자."라고 말하고, 센조산(船上山)에 행궁을 짓고, 일족과 함께 천황을 지켜 드렸습니다.

센조산의 행
궁

고다이고(後醍醐)천황 교토(京都)로 돌아오시다

호조가문 멸망하다 아시카가 다카우지 등이 로쿠하라를 함락시키다 닛타 요시사다 가마쿠라를 함락시키다 교토로 돌아오시다 겐무의 중흥	그래서 천황은 모든 장수에게 명하여 교토의 로쿠하라(六波羅)를 공격하게 하셨습니다. 다카토키(高時)는 이것을 듣고, 아시카가 다카우지(足利尊氏) 등을 교토로 올라오게 하였습니다만, 다카우지는 원래 호조가문을 따르는 것을 좋아하지 않았기 때문에, 갑자기 천황에게 귀순하여 근왕하는 사람들과 함께 적군을 공격하여 로쿠하라를 함락시켰습니다. 뒤이어 닛타 요시사다(新田義貞)는 고즈케(上野, 지금의 군마현)에서 의병을 일으켜, 자진하여 가마쿠라로 쳐들어가서 다카토키(高時) 등을 주살하고 호조가문을 멸하였습니다. 가마쿠라막부는 미나모토는 요리토모 이후 140여 년 만에 무너졌습니다. 　천황은 로쿠하라(六波羅)의 점령 소식을 들으시고, 센조산(船上山)을 출발하여 효고(兵庫)에 도착하셨을 때, 막부가 멸망한 것을 아시게 되었습니다. 그리고 마중 나와서 아뢴 마사시게(正成)를 불러 그 공적을 치하하시고, 이들을 앞세워 교토에 돌아오셨습니다. 그것이 겐코(元弘) 3년(기원1993, 서기1333)의 일입니다. 이때부터 천황은 친히 정치를 행하시어, 정권은 다시 조정으로 되돌려졌습니다. 이 때 연호를 겐무(建武)로 바꾸었기 때문에, 세상에서는 이 일을 '겐무의 중흥(建武の中興)'이라고 합니다. 모리나가(護良)친왕은 공적에 따라 정이대장군(征夷大將軍)에 임명되었고, 다카우지(尊氏), 요시사다(義貞), 마사시게(正成), 나가토시(長年) 등도 모두 제각각 상을 받았습니다.

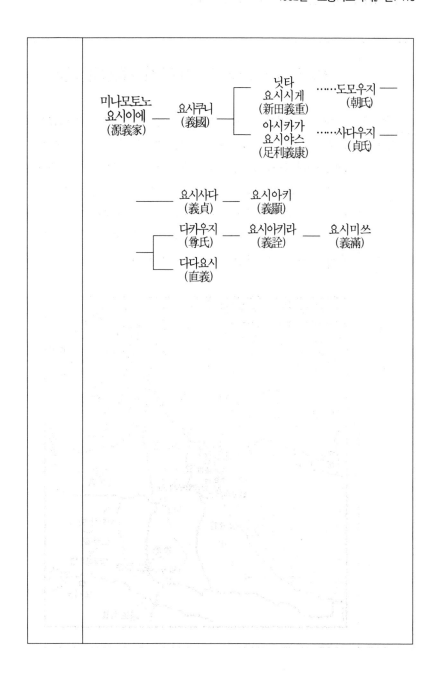

제27 구스노키 마사시게(楠木正成)

아시카가다
카우지 야심
을 품다

가마쿠라막부가 무너지고 정권이 조정으로 되돌려졌으므로, 조정의 위광은 다시 왕성하게 되었습니다만, 무사 중에는 대의명분을 분별하지 못하고, 조정의 상벌에 대해 불만을 품고 오히려 무사정권을 좋아하는 사람이 있었습니다. 아시카가 다카우지(足利尊氏)는 진작부터 정이대장군이 되기를 바라고 있었기 때문에, 이러한 무사들을 따르게 하여 그 야망을 이루려고 하였습니다.

교토부근의 요지도

<table><tr><td>

모리나가
친왕을 시
해하다

아시카가 다
다요시 가마
쿠라를 다스
리다
호조 도키유
키 거병하다

가마쿠라노
미야

다카우지 형
제 모반을 꾀
하다

천황 히에이
산에 행차하
시다
기타바타케
아키이에 교
토로 상경하
다
다카우지 형
제를 긴키지
방으로 쫓아
내다
천황 교토로
돌아오시다
미나토강
전투

</td><td>

　모리나가(護良)친왕은 일찍이 다카우지(尊氏)의 야망을 눈치 채고 이를 제거하려 하였습니다만, 오히려 다카우지에게 중상모략을 당하여 가마쿠라에 보내져 감금당했습니다. 다카우지의 동생 다다요시(直義)는 가마쿠라를 다스리고 있었는데, 이따금 호조 다카토키(北條高時)의 아들 도키유키(時行)가 군대를 일으켜 가마쿠라를 되찾으려 하였으므로, 다다요시(直義)는 도망갈 때에 송구하게도 친왕을 시해하였습니다. 이때 친왕의 나이는 28세였습니다. 가마쿠라노미야(鎌倉宮)는 친왕을 모신 사당입니다.

　다카우지는 정이대장군이 되어 도호쿠지방(東國)을 다스리고 싶다고 청하고, 조정의 윤허를 기다리지 않고 가마쿠라로 내려가 도키유키(時行)를 쳐부수고, 그 지역을 거점으로 모반을 하였습니다. 천황은 닛타 요시사다(新田義貞)를 보내어 이를 토벌하게 하였습니다만, 관군은 다케노시타(竹下), 하코네(箱根)의 전투에 패배하여 후퇴하고, 다카우지와 다다요시는 전진하여 교토를 침범하였으므로, 천황은 이를 피해 히에이산(比叡山)으로 행차하셨습니다. 그 무렵, 황자 노리나가(義良)친왕을 받들어 오슈(奧州)를 지키고 있던 기타바타케 아키이에(北畠顯家)는 친왕을 모시고 교토로 올라와서 마사시게, 요시사다 등과 합세하여, 적군을 크게 격파하고, 다카우지(尊氏), 다다요시(直義)를 긴키지방(西國)으로 내몰았으므로, 천황은 다시 교토로 돌아오시게 되었습니다.

　다카우지는 일단은 규슈로 도망갔습니다만, 얼마 되지 않아 세력을 만회하여 대군을 이끌고 다다요시와 해

</td></tr></table>

다카우지 형제 교토로 진군하다	류 양 방면으로 교토를 향해 나아갔습니다. 요시사다는 이를 효고(兵庫)에서 막으려하였습니다만, 적의 기세가 대단했기 때문에, 천황은 마사시게에게 명하여 요시사다를 돕게 하셨습니다. 마사시게는 잠시 적의 세력을 피해 쇠퇴하기를 기다리며 일거에 이를 멸할 계략을 세우고 있었습니다만, 소용없게 되었습니다. 그래서 마사시게는
마사시게 사쿠라이역참에서 아들 마사쓰라에게 유언하다	교토를 출발하여, 사쿠라이(櫻井)역참에 이르렀을 때, 일전에 천황으로부터 하사받았던 기쿠스이(菊水)의 검을 유품으로 그 아들 마사쓰라(正行)에게 건네며, "이번 전투에서 승리할 가망은 없을 것 같다. 내가 전사한 이후의 세상은 다카우지(尊氏)의 세상이 될 것이다. 그러나 너는 반드시 아버지를 대신하여 충의를 다하라. 이것이 너의 가장 큰 효도이다."라며 간곡히 타이르고 가와치(河內)로 돌아가도록 하였습니다. 그리고 나아가 미나토강(湊川)에 진을 치고, 다다요시(直義)의 육군을 맞아 힘겹게 대치하고 있었습니다. 그 사이에 다카우지의 수군이 상륙하여 배후에서 공격해왔으므로, 사력을 다해
구스노키 마사스에	분전했지만 중과부적, 부하들은 대부분 전사하고, 자신도 몸에 11군데 부상을 입었습니다. 그래서 동생 마사스에(正季)와 함께 미나토강 부근의 민가로 들어가서, 정말로 자살하려고 마사스에(正季)를 향하여 "뭔가 마지막 소원이라도 있는가?"라 물었습니다. 그러자 마사스에는
일곱번 인간으로 태어나도 역적을 멸하자	"일곱 번 인간으로 태어나도 조정의 대적하는 무리를 멸하려는 소원뿐입니다."라 대답하였습니다. 마사시게는 이 말을 듣고 싱긋 웃으며, "나도 같은 생각이다."

아아! 충신 구스노키의 묘	라 말하고, 형제가 서로 상대를 찌르고 죽었습니다. 그 때 마사시게는 43세였습니다. 고베(神戶)의 미나토가와 (湊川)신사는 마사시게를 모신 사당입니다. 그 경내에 도쿠가와 미쓰쿠니(德川光圀)가 세운 묘비가 있는데, 앞 면에는 '아아! 충신 구스노키의 묘(嗚呼忠臣楠子之墓)'라 적혀 있습니다. 마사시게는 참으로 고금에 견줄만한 사 람이 없는 충신으로, 오래도록 국민에게 존경받고 있습 니다.

미나토가와(湊川)신사와 구스노키 마사시게(楠木正成)의 묘비명

제28 닛타 요시사다(新田義貞)

미나토가와전투에서 닛타 요시사다(新田義貞) 또한 패배하여 교토로 후퇴하였으므로, 고다이고(御醍醐)천황은 또다시 히에이산(比叡山)으로 행차하시게 되었고, 아시카가 다카우지(足利尊氏)는 전진하여 교토로 들어갔습니다. 관군은 교토를 되찾으려고 자주 적과 싸웠습니다만 성공하지 못했고, 나와 나가토시(名和長年) 등은 오히려

전사하였습니다. 호기(伯耆)의 나와(名和)신사는 나가토시(長年)를 모신 사당입니다.

다카우지는 '반역자(賊)'라는 오명을 피하기 위해 도요히토(豊仁)친왕을 옹립하여 천황이라 칭하였고, 결국 거짓으로 내려가 고다이고(後醍醐)천황의 환궁을 청하였습니다. 그래서 천황은 요시사다에게 황태자 쓰네나가(恒良)친왕을 모시고 호쿠리쿠지방(北國)으로 내려가 회복을 도모하게 하고, 자신은 잠정적으로 다카우지의 요청을 받아들

여 교토로 환궁하셨습니다만, 머지않아 비밀리에 신기(神器)를 받들어 모시고 요시노(吉野)로 행차하시어, 이곳에 행궁(行宮)을 정하셨습니다.

요시사다는 일족과 함께 황태자 및 황자 다카나가(尊良)친왕을 모시고 호쿠리쿠지방으로 향하는 도중 격심한 눈보라를 만나, 말은 눈 때문에 감각을 잃고 병사들은 손가락이 떨어져 적을 만나도 싸울 수가 없어서 눈앞에서 전사하는 사람이 있을 정도로 어려움이 극에 달했습니다만, 가까스로 에치젠(越前)의 쓰루가(敦賀)에 도착하여

가나가사키성에 기거하다 소마산에 이르다 가나가사키성 함락되다 쓰네나가친왕 살해당하다	가나가사키성(金崎城)에 웅거하게 되었습니다. 그러나 곧 적군에게 포위당하여 성이 위험하게 되었기에, 그 아들 요시아키(義顯)를 남겨두고 자기는 소마산(杣山)으로 가서 병사를 모았습니다. 그런데 그 사이에 가나가사키(金崎)성은 군량이 다 떨어져 다카나가(尊良)친왕은 요시아키(義顯) 등과 함께 자살하였고, 황태자 쓰네나가는 체포되어 교토로 보내져 머잖아 다카우지에게 살해당했습니다.

낫타 요시사다(新田義貞) 눈보라를 무릅쓰고 호쿠리쿠지방(北國)으로 향하다

요시사다가 후지섬에서 전사하다 후지사마신사	요시사다는 소마(杣)산에서 일어나 세력을 만회하여 이따금 적군을 물리쳤습니다만, '후지시마전투(藤島の戰)'에서 난데없이 날아온 화살에 맞아 전사했습니다. 이때 나이 38세였습니다. 이때부터 호쿠리쿠지방(北國)의 관군은 대항하지 않게 되었습니다. 후쿠이(福井)의 후지시마(藤島)신사는 요시사다(義貞)를 모신 사당입니다.

제29 기타바타케 지카후사(北畠親房)와 구스노키 마사쓰라(楠木正行)

기타바타케 아키이에 전사하다

닛타 요시사다(新田義貞)가 전사하기 조금 전, 기타바타케 아키이에(北畠顯家)도 전사하였습니다. 아키이에(顯家)는 일찍이 다카우지를 규슈로 몰아낸 후, 다시 노리요시(義良)친왕을 모시고 무쓰(陸奥)로 내려가 료젠(靈山)성에 웅거하였습니다만, 고다이고(後醍醐)천황이 요시노(吉野)로 행차하신 후, 다시 친왕을 모시고 교토로 향하며, 곳곳에서 싸우며 적을 격파하였습니다.

무쓰의 료젠성에 기거하다

그러나 그 병사들이 지쳐버렸기 때문에, 교토로 공격해 들어갈 수 없었고, 결국 이즈미(和泉)의 이시즈(石津)에서 전사한 것입니다. 그 나이 불과 21세였습니다.

이즈미의 이시즈전투

기타바타케 지카후사(北畠親房) 일행 해상에서 큰 폭풍우를 만나다

기타바타케지카후사 일행 해로로 도호쿠 지방으로 향하다	아키이에(顯家), 요시사다(義貞) 등 충신들은 잇따라 전사했습니다만, 천황은 더욱 뜻을 굳히시고, 아키이에의 아버지 지카후사(親房) 등에게 명하여 다시 노리요시(義良)친왕을 모시고 무쓰(陸奧)로 내려가서, 관군의 세력을 만회하도록 하셨습니다. 지카후사(親房) 등은 이세(伊勢)에서 해로를 따라 동쪽으로 향하였습니다만, 도중에 폭풍우를 만나, 지카후사의 배는 히타치(常陸)에 닿았고, 친왕의 배는 이세(伊勢)로 되돌려져, 친왕은 요시노로 되돌아가게 되었습니다. 마침 천황은 병 때문에 행궁에서 숨을 거두었으므로, 친왕은 황위를 잇게 되었습니다. 이를 제97대 고무라카미(後村上)천황이라고 합니다.

폭풍을 만나다
지카후사 히타치에 도착하다
고다이고천황 승하하시다
고무라카미 천황 즉위하시다

지카후사 『진노쇼토키』를 저술하다

그 무렵, 도호쿠지방(東國)의 무사는 대개 적군의 수하였기에 지카후사(親房)는 무쓰(陸奧)로 갈 수가 없어서 히타치(常陸)의 세키조(關城)에 머물며 적을 막아냈습니다. 지카후사는 밤낮으로 적을 토벌할 계략을 궁리하면서 그 동안에 『진노쇼토키(神皇正統記)』를 저술하였는데, 아마테라스 오미카미(天照大神)로부터 고무라카미(後村上)천황에 이르기까지 황통의 유래를 기술함으로써 대의명분을 분명히 하였습니다. 그리고 성이 함락된 후, 요시노(吉野)로 돌아가서 구스노키 마사쓰라(楠木正行) 등과 힘을 합하여 천황을 도왔습니다.

요시노로 돌아가다

구스노키 마사쓰라 시조나와테에서 전사하다

마사쓰라는 지난 해 사쿠라이(櫻井)역참에서 아버지 마사시게(正成)와 헤어져 귀향한 후, 아버지의 유언을 지켜 늘 조정을 대적하는 무리를 멸할 것을 명심하였고, 성장함에 따라 고무라카미(後村上)천황을 섬기며 때때로 적군을 무찔렀습니다. 마사쓰라는 정이 깊은 사람이었기에,

우리우노전투에서 적병을 동정하다

셋쓰(攝津)의 '우리우노전투(瓜生野の戰)'에서, 강에 빠져 익사할 위기에 처한 적병 500여 명을 구해주고 친절하게 치료를 한데다, 무기까지 주어 되돌려 보낸 일이 있었습니다. 그런 중에 관군의 세력이 왕성해져서 이윽고 교토에 육박하였으므로, 다카우지는 이를 두려워하여 고노모로나오(高師直)에게 명하여 대군을 이끌고 마사쓰라를 대적하게 하였습니다. 마사쓰라는 이 말을 듣고 각

각오를 정하고 천황을 알현하다

오를 정하고, 일족 140여 명과 함께 요시노(吉野)에 이르러 천황을 알현하고, 또 고다이고(後醍醐)천황의 능을 참배한 후, 뇨이린당(如意輪堂)의 벽판에 일족의 이름을 열기하고 그 말미에,

구스노키 마사쓰라(楠木政行) 뇨이린당(如意輪堂)에 와카를 적어 넣다

	かへらじと かねて思へば 梓弓 なき數にいる 名をぞ とゞむる。 (돌이갈 수 없다고, 오래전부터 마음먹었지만, 쏘아서 없어진 활처럼 사라져버린 죽은 자의 이름에 눈길 머무네!)
시조나와테 전투	라는 와카(和歌)를 적어 넣고 가와치(河內)로 돌아가, 시조나와테(四條畷)에서 적군과 크게 싸웠습니다. 이때 마사쓰라는 기필코 모로나오(師直)를 무찌르려 생각하고
구스노키 마 사토키	수시로 그 진지를 공격하였습니다만, 많은 부상을 입고 힘이 다 소진되어버렸기에, 결국 동생 마사토키(正時)와 서로 찌르고 죽었습니다. 그 때 마사쓰라는 겨우 23세였습니다. 이전에 마사쓰라에게 구조되었던 적병은 그 은혜를 깊이 느끼고, 마사쓰라의 뜻을 따라 모두 전사하였습니다. 마사쓰라는 실로 용맹과 인의를 겸비한, 충효의
충효완수 시조나와테 신사	길을 완수한 성실한 사람입니다. 시조나와테(四條畷)신사는 마사쓰라를 모신 사당입니다.
지카후사사 망하다 아베노신사 료젠신사	그 후 머지않아 지카후사(親房)도 병들어 사망하였으므로, 관군의 세력은 더욱더 쇠락해 갔습니다. 셋쓰(攝津)의 아베노(阿倍野)신사 및 이와시로(岩代)의 료젠(靈山)신사는 지카후사(親房) 부자를 모신 사당입니다.

무라카미천황 ___ 도모히라친왕 ___ 기타바타케 마사이에 ___
(村上天皇)　　　(具平親王)　　　(北畠雅家)

___ 지카후사 ┌─ 아키이에(顯家)
　　(親房) └─ 아키노부(顯信)

제30 기쿠치 다케미쓰(菊池武光)

규슈의 관군	구스노키 마사쓰라(楠木正行), 기타바타케 지카후사(北畠親房)를 비롯한 근왕(勤王)의 여러 장수는 대부분 세상을 떠났지만, 규슈의 관군만큼은 더더욱 왕성하였습니다.
히고의 기쿠치가문	규슈의 관군은 히고(肥後)의 기쿠치가문(菊池氏)의 힘에 의해 세력을 유지하고 있었습니다. 기쿠치가문에서는 '제2차 몽고내습(弘安の役)' 때에 기쿠치 다케후사(菊池武房)가 나와서 이름을 빛냈고, 고다이고(後醍醐)천황
기쿠치 다케토키의 근왕	때는 그 손자 다케토키(武時)가 나와서 의병을 일으켰습니다만, 다케토키의 아들 다케미쓰(武光) 등도 모두 조상의 뜻을 이어받아 조정에 충의를 다하였습니다.
기쿠치 다케미쓰 가네나가 친왕을 받들다	그 무렵, 고무라카미(後村上)천황의 동생 가네나가(懷良)친왕은 서쪽지방 관군을 통합하려고 규슈로 내려가셨습니다. 다케미쓰는 기꺼이 친왕을 히고(肥後)로 맞아들이고, 이를 받들어 누차 적군과 싸워 점차 세력을 얻었습니다. 다카우지는 이를 크게 염려하여, 직접 군대를 이끌고 다케미쓰를 공격하려 하였습니다만, 출발도 하기
다카우지 사망하다	전에 병에 걸려 죽었습니다. 다카우지는 조정의 은혜를 잊고 반역하여 수많은 충신을 해친 사람으로, 그 불충불의는 아무리 미워하더라도 과하지 않습니다.
지쿠고가와 전투	다케미쓰(武光)는 점점 더 사방에 세력을 떨치며, 친왕을 받들고 군사를 지쿠고(筑後)로 진격하게 하여, 적장

쇼니요리히사 와 대진하다 다케미쓰의 분전 가네요시친 왕의 분전	쇼니 요리히사(少貳賴尙)의 군대와 지쿠고(筑後)강을 사이에 두고 대진하였습니다. 이때 다케미쓰는 친왕과 함께 적의 중심부를 뚫었는데, 그의 말은 상처 입고 그 투구는 찢어졌지만, 조금도 굴하지 않고 적장을 베어 말도 투구도 빼앗았으며, 친왕도 또한 몸에 3군데에 부상을 입기까지 분전하셨기에, 요리히사(賴尙)는 결국 처참하게 격파되어 고향 지쿠젠(筑前)으로 도망갔습니다. 세상에서는 이것을 '지쿠고가와전투(筑後川の戰)'라고 합니다.

기쿠치 다케미쓰(菊池武光) 쇼니 요리히사(少貳賴尙)와 싸우다

자손이 연이어 근왕하다	뒤이어 다케미쓰(武光)는 친왕을 모시고 지쿠젠(筑前)으로 진격하여, 다시 요리히사(賴尙)를 내몰고 다자이후(太宰府)로 들어갔으며, 여세를 몰아 교토로 향하려고 하였습니다. 그러나 다케미쓰는 그 뜻을 이루지 못하고 도중에 사망하였으므로 규슈의 관군도 점차 쇠락하였습니다만, 그 자손은 더 오랫동안 조정을 위해 힘을 다했습니다. 히고(肥後)의 기쿠치(菊池)신사는 기쿠치가문의 충신을 모신 사당입니다.
기쿠치신사	

후지와라
다다히라 ····· 다카이에 ····· 다케후사 ── 도키타카 ──
(藤原忠平)   (隆家)   (武房)   (時隆)

── 다케토키 ┬ 다케시케
   (武時)   │ (武重)
          ├ 다케토시
          │ (武敏)
          └ 다케미쓰
             (武光)

제31 아시카가가문(足利氏)의 월권

다카우지(尊氏)는 조정에 대하여 무도한 행위가 많았을 뿐만 아니라, 그 집안조차 다스리지 못했기 때문에 내부적으로 쟁란이 끊이지 않았습니다. 그러는 동안 아들 요시아키라(義詮)를 거쳐 손자 요시미쓰(義滿)의 대가 되었습니다.

요시아키라(義詮)가 죽을 때, 대를 이을 아들 요시미쓰(義滿)는 겨우 10세였으므로, 이를 호소카와 요리유키(細川賴之)에게 잘 이끌어 달라고 부탁하였습니다. 요리유키(賴之)는 신중함이 깊은 사람으로, 요시미쓰의 근신(近臣)들을 훈계하여 사치를 금하게 하고, 방자한 다이묘(大名)를 억압하는 등 성심을 다해 어린 주군을 보좌하였기에, 아시카가가문의 기반은 점점 견고해졌습니다.

요시미쓰는 이윽고 사신을 요시노(吉野)에 보내어 천황의 환궁을 청하였습니다. 고무라카미(後村上)천황의 아들 제99대 고카메야마(後龜山)천황은 오랫동안 백성들이 전란으로 고통 받고 있는 것을 가엾이 여기고, 그 청을 허락하여 교토로 환궁하셔서, 신기(神器)를 제100대 고코마쓰(後小松)천황에게 전달하셨습니다. 그것이 겐추(元中) 9년(기원2052, 서기1392)의 일로, 고다이고천황이 요시노에 행차하신지 57년 만의 일입니다. 그렇게 수십 년 간의 내란은 드디어 수습되었습니다만, 이로부터 요시미쓰가 정이대장군으로 위세를 떨쳐, 또다시 무가정치의 세상이 되고 말았습니다.

금 각

<table>
<tr><td>

요시미쓰극
도로 사치하
다

꽃의 궁궐

금각

요시미쓰의
월권

</td><td>

요시미쓰(義滿)는 장군직을 그 아들 요시모치(義持)에게 물려준 후, 조정에 청하여 태정대신(太政大臣)을 맡게 되었습니다. 그리고 세력에 의지하여 극도의 사치를 부렸는데, 무로마치(室町)에 웅장한 저택을 마련하고, 그 정원에 많은 아름다운 꽃을 심었기에 세상에서는 이를 '꽃의 궁궐(花の御所)'이라고 하였습니다. 요시미쓰 또한 교토의 기타야마(北山)에 별장을 짓고, 그 정원에 삼층 누각을 세웠으며, 벽에도 문에도 모두 금박을 붙이는 등 극도의 아름다움을 드러냈으므로, 세상에서는 이를 '금각(金閣)'이라 하였습니다. 더욱이 요시미쓰는 때때로 주제넘은 행위를 하였습니다. 일찍이 히에이산(比叡山)에 오를 때, 황송하게도 그 행렬을 상황의 행차 의식을 흉내 내어 관백(關白) 이하 귀족(公卿)을 따르게 한 적도 있습니다.

</td></tr>
</table>

제32 조선의 태조

아시카가(足利)가문이 세력을 얻을 무렵부터, 일본 연근해의 백성으로, 국내의 소동을 틈타 바다 건너 조선반도와 중국 해안을 침범한 사람들이 있었습니다. 이를 '왜구(倭寇)'라 부르며 매우 두려워했습니다. 고려는 종종 군사를 내어 이를 토벌했지만, 그 효과가 없었습니다.

한때 강성했던 원나라는 제98대 조케이(長慶)천황 치세에 새로 발흥한 명(明)나라 때문에 쫓기게 되어 몽고로 도망쳐 돌아갔습니다. 고려 조정의 신하들 사이에는 명나라를 섬기려는 사람과, 원래대로 원나라를 섬기려는 사람들 두 파로 나뉘어 싸웠습니다만, 결국 명나라를 섬기려 하는 이성계(李成桂), 정몽주(鄭夢周) 쪽이 승리했습니다.

이성계는 함경남도에서 태어났습니다만, 그 조상은 전라북도 전주의 이씨(李氏)입니다. 타고난 현명함에, 힘이 강하고 기마(騎馬)에 능숙하며, 활쏘기의 명인이었습니다. 이성계의 아버지는 고려에 출사하여 영흥(永興)지방에 기거하며 북방지역을 다스렸습니다만, 이성계에 이르러 자주 공을 세워 그 이름을 드러냈습니다. 그리고 고려왕 창(昌)을 폐하고 공양왕(恭讓王)을 맞아 왕으로 세우고, 국정을 맡아 크게 세력을 떨쳤습니다.

이성계의 세력이 왕성해짐에 따라 많은 조정대신들은 이성계를 왕위에 올리기를 희망했습니다만, 정몽주 등은 끝까지 이에 반대하고 이성계를 제거하려다가 오히려 죽임을 당했습니다. 이성계를 추종한 사람들은 고카메야마

2052년	(後龜山)천황의 겐추 9년(서기1392), 공양왕(恭讓王)을 폐하고 이성계를 왕으로 추대하였습니다. 고려는 태조 왕건(王建)의 즉위로부터 475년 만에 멸망하였습니다.
이성계 조선의 태조가 되다	이성계는 왕위에 즉위한 후, 명나라에 사신을 보내 그 허락을 받고 또 명나라로부터 조선(朝鮮)이라는 국호(國號)를 받았습니다. 이것이 조선 제1대 왕인 태조입니다. 이후 대대로 조선왕은 왕위에 즉위할 때마다 명나라의 허락을 받았습니다. 태조는 도읍을 개성(開城)에서 경성(京城)으로 천도하고, 경복궁(景福宮)을 창건하여 이를 왕궁으로 하였습니다.
조선의 번영시대	태조 이후 약 100년 동안은 나라가 잘 다스려졌기에, 사람들은 안심하고 생업에 종사하여 조선이 번창한 시절이었습니다. 그 사이에 태종(太宗), 세종(世宗), 세조(世祖) 등 뛰어난 임금이 왕위에 올랐는데, 태종은 활자를 만들어 많은 서적을 인쇄하게 하였고, 세종은 한글을 제정하였으며, 세조는 법전을 마련하였습니다. 또한 태종, 세종 때부터 불교를 억압하고 유학을 장려하였습니다.

조선왕 계보도(朝鮮王系圖)(1)

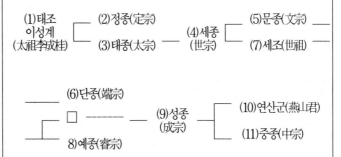

제33 아시카가가문(足利氏)의 쇠락

요시마사
정치에 소
홀하다

아시카가 요시미쓰(足利義滿)로부터 4대를 거쳐 요시마사(義政)가 장군직에 올랐습니다만, 조금도 정치에 마음을 쓰지 않았습니다. 이따금 태풍과 홍수가 있어서 오곡이 열매 맺지 못한데다, 전염병이 유행하여 백성들이 고통스러워하는데도, 요시마사(義政)는 이를 조금도 돌보지 않고 무로마치의 저택 마련에 한창이었으므로, 제

고하나조노
천황 요시마
사를 책망하
시다

102대 고하나조노(後花園)천황은 근심하셔서 시를 지어 이를 책망하셨습니다. 요시마사는 매우 황송해하며 공사는 중지하였습니다만, 여전히 벚꽃연회 등을 개최하며 사치에 빠졌기 때문에, 막부의 재정은 점차 부족하게 되었습니다. 이 때문에 요시마사는 무거운 세금을 징수하였으므로 백성들은 갈수록 괴로워하였으며, 세상은 몹시 소란스러워졌습니다.

아시카가
가문의 상
속분쟁

요시마사(義政)는 아들이 없었기 때문에, 동생 요시미(義視)를 양자로 입양하여, 장군직을 물려줄 약속으로 호소카와 가쓰모토(細川勝元)에게 요시미(義視)를 보좌하게 하였습니다. 그런데 그 후 친아들 요시히사(義尙)가 태어났으므로, 요시마사는 자기 아들을 장군으로 세우려고 이 일을 야마나 소젠(山名宗全)에게 부탁하였습니다. 이 때문에 아시카가 집안의 상속분쟁은 호소카와(細川), 야마나(山名) 두 집안의 세력다툼이 되었습니다.

오닌의 난 2127년	가쓰모토(勝元) 및 소젠(宗全)은 제103대 고쓰치미카도(後土御門)천황의 오닌(應仁) 원년(서기1467), 제각기 대군을 교토로 집결시켜 대진하였습니다. 이로부터 11년 동안 그 싸움이 이어졌는데, 그 동안에 소젠도 가쓰모토도 잇따라 병사하였으므로, 양군의 장수들은 점차 자기 지방으로 돌아갔습니다. 세상에서는 이것을 '오닌의 난(応仁の亂)'이라고 합니다. 이 전란에 의해 막부를 비롯하여 이름난 사찰 기타 수많은 건축물이 불타버리고, '꽃의 도읍'은 옛 모습을 찾아 볼 수 없을 만큼 몹시 황폐해졌습니다.  오닌의 난(應仁の亂)

요시마사사
치에 빠지다

은각

　　이러한 큰 난리 가운데서도 요시마사(義政)는 사치를 멈추지 않았고, 요시미쓰(義滿)의 금각(金閣)을 모방하여 교토의 히가시야마(東山)에 별장을 짓고 그 정원에 은각(銀閣)을 세웠으며, 다도(茶の湯) 등의 놀이에 빠져 허송세월을 보냈습니다. 그 때문에 막부의 재정은 더욱 더 곤란하게 되었고, 장군의 명령은 거의 시행되지 못하게 되었습니다.

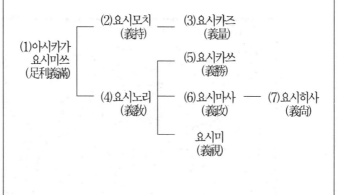

제34 아시카가가문(足利氏)의 쇠락(계속)

전국시대
(戰國時代)

'오닌의 난(應仁の亂)' 이후, 장군(將軍)의 권위는 점점 더 쇠퇴하여 그 명령이 거의 시행 되지 않았기 때문에, 고향으로 돌아간 여러 장수들은 서로 싸우게 되었고, 그 후 영웅이 다투어 일어나 약 100년 동안 전란이 이어졌습니다. 세상에서는 이를 '전국시대(戰國時代)'라고 합니다.

전국(戰國) 요지도
동쪽지방

호조가문 먼저 일어나다 소운 우지쓰나 우지야스 우지야스 지방을 잘 다스리다 우에스기 겐신과 다케다 신겐 가와나카지마 전투 겐신 적을 불쌍히 여기다	이때에 즈음하여 먼저 일어난 사람은 호조 소운(北條早雲)이었습니다. 소운(早雲)은 도호쿠지방이 혼란한 틈을 타고 이즈(伊豆), 사가미(相模)를 취하여 도호쿠지방에 이름을 떨쳤습니다. 소운의 아들 우지쓰나(氏綱), 손자 우지야스(氏康)는 모두 무용이 뛰어나 여러 지방을 공격하여 영지를 넓혔습니다. 특히 우지야스(氏康)는 전투에 능할 뿐만 아니라, 지방을 잘 다스리고, 평소에 부하를 사랑하고 백성을 위하는데 힘썼기 때문에 무사와 서민은 모두 그 덕을 따랐고 이방 사람들도 그 정치를 연모하여, 다투어 오다와라(小田原)로 모여들었습니다. 그래서 그의 영지는 이즈(伊豆), 사가미(相模), 무사시(武藏), 우에노(上野) 등 여러 지역에 미쳤습니다. 호조가문과 어깨를 나란히 한 사람은, 에치고(越後)의 우에스기 겐신(上杉謙信)과 가이(甲斐)의 다케다 신겐(武田信玄)입니다. 겐신(謙信)은 먼저 지역 내의 난을 평정한 후, 차츰 이웃지방을 정복하며 세력을 떨쳤습니다. 신겐(信玄)은 그 지방을 잘 다스리고, 차츰 시나노(信濃)를 공략하였습니다. 그래서 시나노(信濃)의 무라카미 요시키요(村上義淸) 등은 겐신(謙信)에게 도움을 청했습니다. 겐신은 요시키요(義淸) 등을 도와 자주 시나노의 가와나카섬(川中島)에서 신겐과 싸웠는데, 오랫동안 승패가 나지 않았습니다. 겐신은 신겐과 격렬하게 싸우면서도 가이(甲斐)의 백성이 식염결핍으로 고통스러워한다는 사실을 듣고 이를 가엾이 여겨, 에치고(越後)에서 소금을 보내게 하였기 때문에, 사람들은 그의

겐신과 신겐 뜻을 이루지 못하고 사망하다	깊은 의협심에 감동하였습니다. 겐신도 신겐도 제각기 교토에 올라가, 장군을 받들고 천하를 호령하려고 했습니다만, 그 뜻을 이루지 못하고 잇따라 병사하였습니다.

전국(戰國) 요지도
서쪽 지방

오키

이즈모 호키 이나바

이와미 빈고 빗추

아키

나가토 스오

이요

부젠

모리 모토나리가 일어나다	도호쿠지방에 호조(北條), 우에스기(上杉), 다케다(武田) 세 가문이 세력을 휘두를 때, 서쪽에서는 아키(安藝)에 모리 모토나리(毛利元就)가 일어났습니다. 모토나리

오우치 요시타카	(元就)는 처음 스오(周防)의 오우치 요시타카(大江義隆)의 부하였습니다. 오우치(大內)집안은 일찍부터 조선이나 중국과 교통하며 무역을 하고 있었기에, 그 지방이 부강하였습니다만, 요시타카(義隆)는 이를 의지하여 사치에 빠져있었기 때문에, 그의 가신에게 살해되었습니다.
모토나리 주코쿠지방에 위세를 떨치다	그래서 모토나리(元就)는 의병을 일으켜 그 원수를 갚고, 오우치(大內)집안을 대신하여 스오(周防), 나가토(長門) 등을 다스렸습니다. 그 후 점차 세력을 얻어 주코쿠(中國) 규슈(九州)의 10여 지방을 차지하였습니다.
모토나리의 충의	모토나리(元就)는 대의에 정통하여, 제106대 오기마치(正親町)천황께 즉위 비용을 바치며 충의에 힘썼습니다.

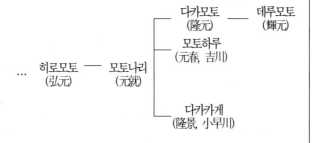

제35 고나라(後奈良)천황

귀족의 곤란

전국시대에는, 여러 지방에 있는 귀족(公卿)의 영지는 점차 지방의 호족에게 빼앗겨버렸습니다. 그런 까닭에 귀족은 대부분 연고에 의지하여 지방으로 내려가, 교토에 남아 있는 사람은 하루하루 입을 것이나 먹을 것조차 곤란할 정도였습니다.

조정의 곤란

또 조정도 많은 황실소유지를 잃게 되었습니다만, 막부는 궁핍하여 조정의 비용을 바칠 여력이 없었습니다. 고나라(後奈良)천황 치세에는 조정의 재정이 특히 어려워 즉위식에 드는 비용조차도 오우치 요시타카(大內義隆)가 비용을 바쳐 겨우 즉위예식을 올릴 정도였습니다.

천황 조정의 의식을 재흥하시다

신궁을 숭상하시다

천황은 그렇잖아도 부족한 비용 중에서, 더욱 절약을 하셔서, 오랫동안 소홀히 여겼던 조정의 의식을 재흥하셨습니다. 또한 이세의 신궁이 황폐해진 것을 한탄하시고 이를 조영하게 하려고 생각하셨습니다만, 쉽사리 뜻을 이룰 수 없었기에, 봉폐사(奉幣使, 신전에 공물을 봉헌하는 사자)를 보내셔서, 그 까닭을 신전에 고하게 하였습니다.

천황의 인덕

천황은 특히 연민의 마음이 깊어 항상 그 마음을 만백성 위에 두고 계셨습니다. 간혹 조금이라도 공물을 바치는 사람이 있으면 즉시 그 공물을 황족이나 귀족들에게 나누어 주셨습니다.

고나라(後奈良)천황 친필　　고나라천황 경문(經文)을 필사하시다

또 어느 해에는 장맛비가 계속되고 전염병이 유행하여, 많은 백성이 죽었습니다. 천황은 이를 깊이 염려하시어, 직접 경문(經文)을 필사하여, 이것을 다이고(醍醐)의 산보인(三寶院)과 여러 지방의 신사에 내리시어, 그 재난을 없애달라고 신불(神佛)에게 기원하셨습니다. 천황의 인덕을 받은 사람은 그 과분함에 감읍하지 않는 사람이 없었습니다.

『보통학교국사』 권1 끝

대	천황	기원년	연호	적 요
	연 표			
1	진무(神武)천황	원년	원년	즉위의 예를 행하셨다.
10	스진(崇神)천황	569	6년	아마테라스 오미카미(天照大神)를 야마토(大和)의 가사누이노무라(笠縫邑)에 모셨다.
		604	41년	박혁거세 신라(新羅)를 세웠다.
		623	61년	주몽 고구려(高句麗)를 세웠다.
		628	65년	임나(任那) 조정에 공물을 바쳤다.
11	스이닌(垂仁)천황	643	12년	온조 백제(百濟)를 세웠다.
		656	25년	아마테라스 오미카미를 이세(伊勢) 이스즈강(五十鈴川) 부근으로 모셨다.
12	게이코(景行)천황	757	27년	야마토다케루노미코토(日本武尊) 구마소(熊襲)를 토벌하셨다.
		770	40년	야마토다케루노미코토 에조(蝦夷)를 토벌하셨다.
14	주아이(仲哀)천황	860	9년	진구(神功)황후 신라를 복속시켰다.
16	닌토쿠(仁德)천황	976	4년	칙명으로 세금을 면제하셨다.
29	긴메이(欽明)천황	1212	13년	백제로부터 처음으로 불교가 전해졌다.
33	스이코(推古)천황	1264	12년	쇼토쿠(聖德)태자 <17조의 헌법>을 제정하셨다.
		1267	15년	쇼토쿠(聖德)태자 중국에 사신을 파견하셨다.

대	천황	기원년	연호	적 요
36	고토쿠(孝德)천황	1305	다이카(大化)원년	다이카(大化)개신이 시작되었다.
38	덴지(天智)천황	1323	2년	백제가 멸망하였다.
		1328	7년	고구려가 멸망하였다.
		1329	8년	후지와가노가마타리(藤原鎌足)가 사망하였다.
43	겐묘(元明)천황	1370	와도(和銅)3년	나라(奈良)를 도읍으로 정했다.
45	쇼무(聖武)천황	1401	덴표(天平)13년	칙명으로 각 지방에 국분사(國分寺)를 건립하게 하셨다.
48	쇼토쿠(稱德)천황	1429	진고케이운(神護景雲)3년	와케노기요마로(和氣淸麻呂) 우사하치만(宇佐八幡)의 가르침을 아뢰었다.
50	간무(桓武)천황	1454	엔랴쿠(延曆)13년	헤이안쿄(平安京)를 도읍으로 정하셨다.
		1457	16년	사카노우에노타무라마로(坂上田村麻呂)에게 도호쿠지방을 토벌하게 하셨다.
		1465	24년	사이초(最澄) 당나라에서 돌아왔다.
51	헤이제이(坪城)천황	1466	다이도(大同)원년	구카이(空海) 당나라에서 돌아왔다.
60	다이고(醍醐)천황	1561	엔기(延喜)원년	스가와라노미치자네(菅原道眞) 다자이후(大宰府)로 내려갔다.
61	스자쿠(朱雀)천황	1595	쇼헤이(承平)5년	신라가 멸망했다.
		1596	6년	고려의 태조가 한반도를 통일했다.

대	천황	기원년	연호	적 요
68	고이치조(後一条)천황	1687	만주(萬壽) 4년	스가와라노미치자네 사망하였다.
70	고레이제이(後冷泉) 천황	1722	고헤이(康平) 5년	미나모토노요리토모(源賴義) 아베노라사다토(安倍貞任)등을 멸하였다. (前九年の役)
71	고산조(後三条)천황	1728	지랴쿠(治曆) 4년	황위에 즉위하셨다.
73	호리카와(堀河)천황	1747	간지(寬治) 원년	미나모토노요시이에(源義家) 기요하라노다케히라(淸原武衡) 등을 멸하였다.(後三年の役)
77	고사라카와(後白河) 천황	1816	호겐(保元) 원년	미나모토노다메토모(源爲朝) 전투에서 패하였다.(保元の亂)
78	니조(二条)천황	1819	헤이지(平治) 원년	미나모토노요시토모(源義朝) 전투에서 패하였다.(平治の亂)
80	다카쿠라(高倉)천황	1839	지쇼(治承) 3년	다이라노시게모리(平重盛) 사망하였다.
81	안토쿠(安德)천황	1845	주에이(壽永) 4년	다이라가문(平氏) 멸망하였다.
82	고토바(後鳥羽)천황	1852	겐큐(建久) 3년	미나모토노요리토모(源賴朝) 정이대장군에 임명되었다.
84	준토쿠(順德)천황	1879	조큐(承久) 원년	미나모토노사네토모(源實朝)가 살해되고 미나모토가문(源氏)이 멸망하였다.
85	주쿄(仲恭)천황	1881	동 3년	고토바(後鳥羽)상황 호조 요시토키(北條義時)를 물리치게 하셨다. (承久の亂)
91	고우다(後宇多)천황	1934	분에이(文永) 11년	원나라군대가 공격해왔다.(文永の役)
		1941	고안(弘安) 4년	원나라군대가 다시 공격해왔다. (弘安の役)
96	고다이고(後醍醐) 천황	1993	겐코(元弘) 3년	닛타 요시사다(新田義貞) 가마쿠라를 공격하여 호조가문(北條氏)을 멸하였다.

대	천황	기원년	연호	적 요
96	고다이고 (後醍醐)천황	同	동년	막부의 정권을 조정으로 되돌리려 하셨다.
		1995	겐무(建武) 2년	아시카가 다카우지(足利尊氏) 모반하였다.
		1996	엔겐(延元) 원년	구스노키 마사시게(楠木正成) 전사하였다.(湊川の戰)
		同	동년	나와 나가토시(名和長年) 전사하였다.
		同	동년	요시노(吉野)로 행행하셨다.
		1998	3년	기타바타케 아키이에(北畠顯家) 전사하였다.(石津の戰)
		同	동년	닛타 요시사다(新田義貞) 전사하였다.(藤島の戰)
97	고무라카미 (後村上)천황	2008	쇼헤이(正平) 3년	구스노키 마사쓰라(楠木正行) 전사하였다.(四條畷の戰)
		2014	9년	기타바타케 지카후사(北畠親房) 사망하다.
		2019	14년	기쿠치 다케미쓰(菊池武光) 쇼니 요리히사(少貳賴尙)를 물리쳤다.(筑後川の戰)
99	고카메아마 (後龜山)천황	2052	겐추(元中) 9년	교토로 환궁하셨다.
		同	동년	고려가 멸망하였다.
		同	동년	조선의 태조 왕위에 즉위하였다.
100	고코마쓰 (後小松)천황	2057	오에이(應永) 4년	아시카가 요시미쓰(足利義滿) 금각을 지었다.
103	고쓰치미카도 (後土御門)천황	2127	오닌(應仁) 원년	오닌의 난(應仁の亂)이 일어났다.
		2143	분메이(文明) 15년	아시카가 요시마사(足利義政) 은각을 지었다.

昭和七年三月八日翻刻印刷
昭和七年三月十日翻刻發行

國史 一 &

定價金二十錢

著作權所有

著作兼
發行者　朝鮮總督府

翻刻發行
兼印刷者

京城府元町三丁目一番地
朝鮮書籍印刷株式會社
代表者　井上主計

發行所

京城府元町三丁目一番地
朝鮮書籍印刷株式會社

조선총독부 편찬(1933)

『보통학교국사』

(권2)

普通學校國史 卷二

朝鮮總督府

목차(目次)

역대표(御歷代表)(2)

역대	천황	재위기간(기원년)
1	진무천황(神武天皇)	원년~76
2	스이제이천황(綏靖天皇)	80~112
3	안네이천황(安寧天皇)	112~150
4	이토쿠천황(懿德天皇)	151~184
5	고쇼천황(孝昭天皇)	186~268
6	고안천황(孝安天皇)	269~370
7	고레이천황(孝靈天皇)	371~446
8	고겐천황(孝元天皇)	447~503
9	가이카천황(開化天皇)	503~563
10	스진천황(崇神天皇)	564~631
11	스이닌천황(垂仁天皇)	632~730
12	게이코천황(景行天皇)	731~790
13	세이무천황(成務天皇)	791~850
14	주아이천황(仲哀天皇)	852~860
15	오진천황(應神天皇)	860~970
16	닌토쿠천황(仁德天皇)	973~1059
17	리추천황(履中天皇)	1060~1065
18	한제이천황(反正天皇)	1066~1070
19	인교천황(允恭天皇)	1072~1113
20	안코천황(安康天皇)	1113~1116
21	유랴쿠천황(雄略天皇)	1116~1139

역대	천황	재위기간(기원년)
22	세이네이천황(淸寧天皇)	1139~1144
23	겐조천황(顯宗天皇)	1145~1147
24	닌켄천황(仁賢天皇)	1148~1158
25	부레쓰천황(武烈天皇)	1158~1166
26	게이타이천황(繼體天皇)	1167~1191
27	안칸천황(安閑天皇)	1191~1195
28	센카천황(宣化天皇)	1195~1199
29	긴메이천황(欽明天皇)	1199~1231
30	비다쓰천황(敏達天皇)	1232~1245
31	요메이천황(用明天皇)	1245~1247
32	스슌천황(崇峻天皇)	1247~1252
33	스이코천황(推古天皇)	1252~1288
34	조메이천황(舒明天皇)	1289~1301
35	고교쿠천황(皇極天皇)	1302~1305
36	고토쿠천황(孝德天皇)	1305~1314
37	사이메이천황(齊明天皇)	1315~1321
38	덴지천황(天智天皇)	1321~1331
39	고분천황(弘文天皇)	1331~1332
40	덴무천황(天武天皇)	1332~1346
41	지토천황(持統天皇)	1346~1357
42	몬무천황(文武天皇)	1357~1367

역대	천황	재위기간(기원년)
43	겐메이천황(元明天皇)	1367~1375
44	겐쇼천황(元正天皇)	1375~1384
45	쇼무천황(聖武天皇)	1384~1409
46	고켄천황(孝謙天皇)	1409~1418
47	준닌천황(淳仁天皇)	1418~1424
48	쇼토쿠천황(稱德天皇)	1424~1430
49	고닌천황(光仁天皇)	1430~1441
50	간무천황(桓武天皇)	1441~1466
51	헤이제이천황(平城天皇)	1466~1469
52	사가천황(嵯峨天皇)	1469~1483
53	준나천황(淳和天皇)	1483~1493
54	닌묘천황(仁明天皇)	1493~1510
55	몬토쿠천황(文德天皇)	1510~1518
56	세이와천황(淸和天皇)	1518~1536
57	요제이천황(陽成天皇)	1536~1544
58	고코천황(光孝天皇)	1544~1547
59	우다천황(宇多天皇)	1547~1557
60	다이고천황(醍醐天皇)	1557~1590
61	스자쿠천황(朱雀天皇)	1590~1606
62	무라카미천황(村上天皇)	1606~1627
63	레이제이천황(冷泉天皇)	1627~1629

역대	천황	재위기간(기원년)
64	엔유천황(圓融天皇)	1629~1644
65	가잔천황(花山天皇)	1644~1646
66	이치조천황(一條天皇)	1646~1671
67	산조천황(三條天皇)	1671~1676
68	고이치조천황(後一條天皇)	1676~1696
69	고스자쿠천황(後朱雀天皇)	1696~1705
70	고레이제이천황(後冷泉天皇)	1705~1728
71	고산조천황(後三條天皇)	1728~1732
72	시라카와천황(白河天皇)	1732~1746
73	호리카와천황(堀河天皇)	1746~1767
74	도바천황(鳥羽天皇)	1767~1783
75	스토쿠천황(崇德天皇)	1783~1801
76	고노에천황(近衛天皇)	1801~1815
77	고시라카와천황(後白河天皇)	1815~1818
78	니조천황(二條天皇)	1818~1825
79	로쿠조천황(六條天皇)	1825~1828
80	다카쿠라천황(高倉天皇)	1828~1840
81	안토쿠천황(安德天皇)	1840~1845
82	고토바천황(後鳥羽天皇)	1845~1858
83	쓰치미카도천황(土御門天皇)	1858~1870
84	준토쿠천황(順德天皇)	1870~1881

역대	천황	재위기간(기원년)
85	주쿄천황(仲恭天皇)	1881
86	고호리카와천황(後堀河天皇)	1881~1892
87	시조천황(四條天皇)	1892~1902
88	고사가천황(後嵯峨天皇)	1902~1906
89	고후카쿠사천황(後深草天皇)	1906~1919
90	가메야마천황(龜山天皇)	1919~1934
91	고우다천황(後宇多天皇)	1934~1947
92	후시미천황(伏見天皇)	1947~1958
93	고후시미천황(後伏見天皇)	1958~1961
94	고니조천황(後二條天皇)	1961~1968
95	하나조노천황(花園天皇)	1968~1978
96	고다이고천황(後醍醐天皇)	1978~1999
97	고무라카미천황(後村上天皇)	1999~2028
98	조케이천황(長慶天皇)	2028~2043
99	고카메야마천황(後龜山天皇)	2043~2052
100	고코마쓰천황(後小松天皇)	2052~2072
101	쇼코천황(稱光天皇)	2072~2088
102	고하나조노천황(後花園天皇)	2088~2124
103	고쓰치미카도천황(後土御門天皇)	2124~2160
104	고카시와바라천황(後柏原天皇)	2160~2186
105	고나라천황(後奈良天皇)	2186~2217
106	오기마치천황(正親町天皇)	2217~2246

역대	천황	재위기간(기원년)
107	고요제이천황(後陽成天皇)	2246~2271
108	고미즈노오(後水尾天皇)	2271~2289
109	메이쇼천황(明正天皇)	2289~2303
110	고코묘천황(後光明天皇)	2303~2314
111	고사이천황(後西天皇)	2314~2323
112	레이겐천황(靈元天皇)	2323~2347
113	히가시야마천황(東山天皇)	2347~2369
114	나카미카도천황(中御門天皇)	2369~2395
115	사쿠라마치천황(櫻町天皇)	2395~2407
116	모모조노천황(桃園天皇)	2407~2422
117	고사쿠라마치천황(後櫻町天皇)	2422~2430
118	고모모조노천황(後桃園天皇)	2430~2439
119	고카쿠천황(光格天皇)	2439~2477
120	닌코천황천황(仁孝天皇)	2477~2506
121	고메이천황(孝明天皇)	2506~2526
122	메이지천황(明治天皇)	2527~2572
123	다이쇼천황(大正天皇)	2572~2586
124	금상천황(今上天皇)	2586~

『보통학교국사』 권2

제36 오다 노부나가(織田信長)

노부나가의 성장

아버지 노부히데 영지를 넓히다

아버지의 유지를 이어받다

오다 노부나가(織田信長)는 전국시대 말에 활약한 영웅으로, 그 집안은 대대로 오와리(尾張)지방에 있었습니다. 아버지 노부히데(信秀)는 무용(武勇)의 기상이 뛰어나, 여러 차례 이웃지방에 출병하여 영지를 넓혔습니다. 노부나가는 어릴 때부터 난폭한 행동이 많았습니다만, 훗날 행실을 바로하고 아버지의 유지를 이어받아 천하를 평정하고자 하였습니다.

오다 노부나가(織田信長) 말을 채찍질하여 오케하자마(桶狹間)로 향하다

오케하자마 전투 이마가와 요시모토 오와리에 진군하다	그 무렵, 세력이 왕성하던 스루가(駿河)지방의 이마가와 요시모토(今川義元)는 오다가문을 멸망시키고 교토(京都)로 진군하려 대군을 이끌고 오와리로 쳐들어왔습니다. 노부나가는 이 소식을 들었을 때, 가신과 세상 이야기를 하고 있었는데, 조금도 놀라는 기색 없이 담소를 이어갔습니다. 이튿날 아침 아군의 요새가 위험하다는 소식을 듣고, 즉시 채찍으로 말을 몰아 출진하였습니다. 그렇게 요시모토가 여러 성을 점령하고 기세등등하여 오케하자마(桶狹間)에 진을 치고 주연을 베풀고 있는 방심을 틈타, 소수의 군사로 순식간에 그 본진으로 쳐들어가 요시모토를 토벌하였습니다. 이때부터 노부나가의 명성이 금세 세상에 드러나게 되었습니다.
노부나가 요시모토를 토벌하다	

노부나가(信長) 오기마치(正親町)천황의 칙서를 받들다

오기마치천황 노부나가를 부르시다	제106대 오기마치(正親町)천황은 늘 조정의 쇠락을 한탄하시며 세상의 쟁란을 진압하실 뜻을 품고 계셨습니다. 천황은 멀리서 노부나가의 무사로서의 명성을 들으시고, 칙서로 황실소유지의 회복을 명하셨습니다. 노부나가는 근왕의 의지가 깊은 사람이었던 까닭에, 이 황송한
노부나가가 칙서를 받들다	칙서를 받들고 감격의 눈물을 흘리며, 온몸을 다 바쳐 천황의 마음을 편케 해드리려고 굳게 결심했습니다.
노부나가의 근왕	그 무렵, 막부의 세력은 점점 더 쇠약해져 장군 요시테루(義輝)가 부하에게 살해당하고, 그 동생 요시아키
요시아키를 받들고 교토로 들어오다 황거수리	(義昭)는 노부나가에게로 도망쳐왔습니다. 그래서 노부나가는 요시아키를 도와서 교토로 들어와 장군직에 앉혔습니다. 노부나가는 교토에 오자마자 황거(皇居)를 수리하고 황실의 비용을 헌상하였으며, 오로지 조정을 위
의식 재흥	해 진력하였으므로, 오랫동안 중단되어 있던 의식도 재흥되었고, 여러 지방으로 도망가 있던 귀족도 차츰 돌아와 이윽고 교토는 원래의 모습을 되찾았습니다.
아시카가막부 멸망하다	그리고나서 노부나가는 점차 긴키(近畿)의 여러 지방을 평정하고 백성을 위한 일을 도모하였으므로, 그 세력이 날로 번창하게 되었습니다. 요시아키는 그것을 보고 노부나
요시아키 노부나가에게 축출되다	가를 제거하려고 하였습니다만, 오히려 노부나가에게 축출당하여 아시카가막부는 마침내 멸망하고 말았습니다. 이것이 덴쇼 원년(天正元年, 기원2233)의 일로, 요시미쓰(義滿)가 장군이 되고나서 대략 180여 년 후입니다.
노부나가가 전국을 평정하려하다	노부나가는 오미(近江)의 아즈치(安土)에 성을 구축하고, 웅장하고 아름다운 천수각(天主閣)을 건축하였습니다.

아즈치성을 건축하다 하시바 히데 요시를 주고 쿠지방에 파 견하다 노부나가 자 살하다	그리고 이 성을 근거로 사방을 평정하려는 생각으로, 우선 하시바 히데요시(羽柴秀吉)를 주고쿠(中國)지방으로 보내어 모리 데루모토(毛利輝元)를 치게 하였습니다. 그 사이에 노부나가는 가이(甲斐)의 다케다(武田)가문을 멸망시키고, 뒤이어 히데요시(秀吉)를 돕기 위해 직접 주고쿠로 향하던 도중, 교토에서 아케치 미쓰히데(明知光秀)에게 불의의 습격을 받고, 분전한 보람도 없이 자살하였습니다.

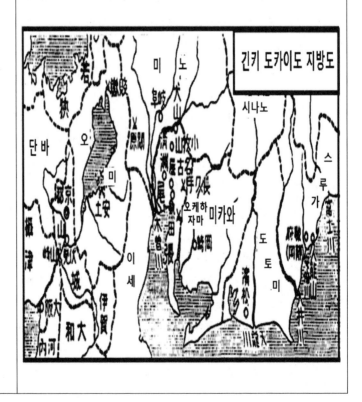

긴키 도카이도 지방도

노부나가의 공훈 다케이사오 신사	노부나가는 앞서 천황의 명을 받고부터 하루라도 빨리 천하를 평정하여 천황의 심기를 편히 해드리려고 노력했지만, 그 대업 중에 쓰러진 것은 참으로 안타까운 일입니다. 조정은 그 공훈을 치하하여 특별히 태정대신 종1품을 하사하셨습니다. 교토의 다케이사오(建勳)신사는 노부나가를 모신 신사입니다.

아시카가
요시노리
(足利義敎) — 마사토모(正知) — (9)요시즈미(善澄)

요시미(義視) — (8)요시타네(義植)

(10)요시하루(義晴) — (11)요시테루(義輝)

(13)요시아키(義昭)

요시쓰나(義維) — (12)요시히데(義榮)

오다
노부히데
(織田信秀) — 노부나가(信長) — 노부타다(信忠) — 히데노부(秀信)

노부오(信雄)

노부타카(信孝)

제37 이퇴계(李退溪)와 이율곡(李栗谷)

조선의 유학

일본의 전국(戰國)시대 때, 조선에서는 성종(成宗), 중종(中宗), 명종(明宗) 및 선조(宣祖) 등이 국왕의 자리에 있었습니다. 이보다 앞서 태종(太宗), 세종(世宗) 무렵부터 불교를 억압하고 유학을 장려하였기 때문에 고려시대에 번영했던 불교는 점차 쇠퇴하였고, 불교를 대신해 유학이 점점 왕성해지게 되어 이퇴계(李退溪), 이율곡(李栗谷) 등 이름난 학자가 배출되었습니다.

불교 쇠퇴하다

도산서원(陶山書院)

| 이퇴계

도산서원 | 　　이퇴계는 중중, 명종 때의 사람입니다. 12세 때 논어를 읽고 "젊은이는 안에서는 효도하고, 밖에서는 공손할지라."라는 말씀에 감동하여, 그때부터 열심히 학문을 닦고 덕을 연마하여 훌륭한 사람이 되었습니다. 중종 때 관직에 올랐으나 얼마 되지 않아 병이 들어 사직하고 경상북도 예안(禮安)으로 내려가서 수많은 제자들을 교육하였습니다. 그 후 대제학(大提學)에 오르게 되니, 많은 사람들이 그 학덕을 흠모하였습니다. 사후에는 도산서원(陶山書院)이 건립되어 모셔졌습니다. 퇴계의 학문은 일본에도 전해졌습니다.

석담(石潭)서당 |

이율곡	이율곡은 명종, 선조 때의 사람입니다. 어릴 때부터 한 시문을 지었으며, 성장함에 따라 더욱더 학문에 정진하였습니다. 선조(宣祖) 때 지방관이 되어서 백성을 잘 다스렸고, 점차 고위 관직에 올랐습니다. 훗날 황해도 석담(石潭)에 서당(塾)을 세워 제자교육에 힘썼고, 또 마을의 자치규범(鄕約)을 만들어 사회교화에 힘써 많은 사람들로부터 존경받았습니다.
석담서당	
당파싸움 김효원과 심의겸	선조 때, 김효원(金孝元)과 심의겸(沈議謙)은 사이가 나빠서 서로 당파를 지어 싸웠습니다. 이율곡은 당파싸움이 정치를 혼란스럽게 하는 것을 우려하여, 그것을 없애려고 노력하였지만 효과가 없었고, 이후 당파싸움은 갈수록 심해져 서로 다른 당을 쓰러뜨리고 정권을 잡으려고 하였습니다. 그 후 오랫동안 조선인 사이에 노론, 소론, 남인, 북인 4색의 구별이 있었던 것은 그 영향입니다.
4색의 구별	

조선왕 계보도(朝鮮王系圖)(2)

```
                  ┌ (12)인종
                  │   (仁宗)
   (11)중종 ──────┤
      (中宗)      │                      ┌ (15)
                  │                      │ 광해군
                  └ (13)명종 ── (14)선조 ─┤  (光海君)
                      (明宗)      (宣祖)  │
                                         └ □ ── (16)인조
                                                   (仁祖)
```

제38 도요토미 히데요시(豐臣秀吉)

히데요시의 출세

　도요토미 히데요시(豐臣秀吉)는 오와리(尾張)의 가난한 농가에서 태어났습니다. 무사가 되어 세상에 이름을 떨치려는 의지로 오다 노부나가(織田信長)를 섬기며, 자주 전과를 올려 차츰 중용되었고, 하시바 히데요시(羽柴秀吉)라 칭하고 있었습니다.

오다가문의 장수들 히데요시에게 복종하다

　히데요시는 주고쿠(中國)의 모리가문(毛利氏)을 치던 때, 노부나가의 죽음을 전해 듣고 모리가문과 화친을 맺고, 급히 군사를 돌려 아케치 미쓰히데(明智光秀)를 멸하였습니다. 그때부터 히데요시의 위세가 급작스럽게 왕성해졌기에, 오다가문의 장수(部將)들은 모두 히데요시의 명을 따르게 되었습니다.

오사카성을 구축하다

　그 후 히데요시는 오사카(大阪)지역에 견고한 성을 구축했습니다. 그렇게 천하를 평정하여 노부나가의 위업을 달성하려고 하였습니다.

관백 태정대신이 되다

　조정은 히데요시의 공을 치하하여 점차 벼슬을 올려 관백(關白)을 하사하였고, 태정대신(太政大臣)에 임명하였으며, 도요토미(豐臣)라는 성을 하사하셨습니다.

히데요시의 근왕
　주라쿠다이의 행차

　히데요시는 또 교토에 주라쿠다이(聚樂第)라는 웅장하고 아름다운 저택을 마련하여 제107대 고요제이(後陽成)천황의 행차를 청하고, 친히 문무백관을 이끌고 모셨습니다. 사방에서 모여든 무사와 백성들은 그 성대한 행렬을 보고 "이와같은 태평스런 세상을 보리라고는 실로 생각지도 못한 일이다"라며, 눈물을 흘리면서 서로 기뻐했습니다. 천황은 닷새 동안 이곳에 머무르셨는데, 그동안에 히데요시는 모든 물품을 헌상하였으며, 친왕 및 귀족의 토지를 정해주고 각 다이묘들로 하여금 모두 함께 황실을 받들 것을 맹세하게 하였습니다. 히데요시는 또 새로이 황거를 건축할 것을 아뢰고, 교토 시가지 또한 정비하였으므로, 조정의 형편과 교토의 모습도 노부나가 때보다는 훨씬 더 나아졌습니다.

황거 조영 교토 시가지를 정비하다

고요제이(後陽成)천황 주라쿠다이(聚樂第)에 행차하시다

전국을 평정하다
호조가문을 멸망하다

그 후 덴죠(天正) 18년(기원2250) 히데요시는 대군을 일으켜 오다하라(小田原)의 호조(北條)가문을 공격하여 멸망시켰습니다. 오닌의 난(應仁の亂) 이후, 100여 년 동안 혼란해질 대로 혼란을 거듭하던 온 나라는 이때서야 비로소 평정되었습니다.

히데요시 조선및명나라와의 교류에 힘쓰다	히데요시는 국내를 평정한 후 조선에 교류를 청하고, 그 연안을 어지럽히는 해적을 단속하는 등 호의를 보였습니다. 또 명나라와도 교류하려고 하였지만 응하지 않았기 때문에, 명나라를 치기 위해 조선에 안내를 요구했습니다. 조선은 수교도 승낙하지 않았고, 또 명나라로 안내하는 것도 거절하였습니다.
조선 교류와 안내를 거절하다	
조선에 출병하다 2252년	그러자 히데요시는 어쩔 수 없이 길을 조선으로 잡고, 행군을 방해하는 자를 무찌르고 명나라로 향할 것을 결심하여, 분로쿠(文祿) 원년(서기1592) 고니시 유키나가(小西行長)와 가토 기요마사(加藤淸正)를 선봉장으로 한 약 13만 대군을 파병하였습니다. 그 무렵 조선은 당파싸움으로 인해 정치가 어지러웠고 방비도 허술했었기 때문에, 이 대군을 막지 못하고 선조(宣祖)는 경성에서 의주(義州)로 도피하였습니다. 유키나가는 그 뒤를 쫓아 평양으로 진군하였고, 기요마사는 조선의 동북지방을 점령하는 등 일본군은 불과 3개월 사이에 거의 조선 전체를 거의 점령하였습니다. 그 사이에 일본 수군은 유키나가 등과 연락을 유지하면서 이를 돕고자 하였으나, 조선의 남쪽 해상에서 이순신(李舜臣)에게 격파되어 북상을 저지당했습니다. 기요마사는 이 전투에서 무장의 이름을 날렸을 뿐 아니라 백성을 불쌍히 여겼습니다.
기요마사의 인품	
벽제관전투	명나라는 이 상황을 보고 선조(宣祖)의 요청에 응하여 조선에 대군을 보냈기 때문에, 유키나가는 평양에서 퇴각하였습니다. 명나라군대가 경성으로 진군해오자 고바야카와 다카카게(小早河隆景)는, "대군이 공격해오는 것은 행운이다. 내 실력을 보여주고 일본에 다카카게가 있
고바야카와 다카카게의 분전	

다는 것을 알려 주겠다."며 다치바나 무네시게(立花宗茂) 등과 함께 벽제관(碧蹄館)에서 명나라의 대군을 처참하게 쳐부수었습니다.

화친을 깨다

명나라의 무성의

　명나라는 크게 놀라 유키나가를 통해 화친을 요청하였기 때문에, 히데요시는 이를 수락하고 출정군을 철수시켰습니다. 그러나 명나라는 강화(講和)에 성의가 없어, 그 국서에 「히데요시를 일본국왕으로 하겠다.」고 쓰여 있었으므로, 히데요시는 그 무례함에 격노하여 명나라 사신을 쫓아 보내고 다시 출병 명령을 내렸습니다.

울산 농성
2257년

기요마사 아사노 요시나가를 구하다

　게이초(慶長) 2년(서기1597) 기요마사와 유키나가는 다시 선봉에 섰고, 전군(全軍)이 그 뒤를 따라 바다를 건너, 이윽고 조선의 남부를 점령하였습니다. 그 해 말 무렵, 명나라 대군이 아사노 요시나가(淺野幸長) 등을 울산(蔚山)에서 포위하였습니다. 기요마사는 위급한 상황을 듣고 이들을 구하려고 성으로 들어갔으나, 성은 아직 완성되지 않았고 게다가 군량도 부족하였기에 크게 고전을 이어 갔습니다. 얼마되지 않아 일본의 구원병이 왔으므로 이들과 힘을 합하여 명나라 군대를 크게 물리쳤습니다.

사천전투
2258년

시마즈 요시히로 명군을 물리치다

　게이초 3년(서기1598) 히데요시는 병들어 사망하였습니다. 출정한 여러 장수들은 히데요시의 유언에 따라 군대를 철수시켰습니다. 간혹 명나라의 대군이 시마즈 요시히로(島津義弘)를 사천(泗川)에서 공격해왔지만, 요시히로는 얼마 안 되는 군사로 이를 크게 물리쳤습니다. 또 요시히로는 노량(露梁)에서 적의 수군을 무참하게 쳐부수고,

명군의 횡포	이순신 등을 쓰러뜨렸습니다. 그 후 명나라군은 두려워서 일본군의 뒤를 추격하지 않았으므로 여러 장수들은 무사히 귀환하였습니다. 　이렇게 해서 전후(前後) 7년에 걸친 전쟁은 종말을 고하게 되었습니다. 그러나 명나라군은 그 후에도 조선에 머물며 온갖 횡포를 저질렀으므로 조선은 한 층 더 피폐해졌습니다.
히데요시의 인품 어머니께 효도를 다하다	히데요시는 낮은 신분에서 입신하여 나라를 평정하였으며, 황실을 공경하고 백성을 염려한데다 국위를 해외에까지 떨쳤던 영웅이었지만, 또한 지극히 온화한 마음을 지닌 사람으로, 평생 어머니를 섬기며 효(孝)를 다하였습니다.
조정 히데요시의 공훈을 치하하다 도요쿠니신사	조정은 히데요시의 큰 공을 치하하여, 히데요시를 모신 신사에 도요쿠니다이묘진(豊國大明神)이라는 호를 내리시고, 정1품을 하사하셨습니다. 교토의 도요쿠니(豊國) 신사는 히데요시를 모신 사당입니다.

제39 도쿠가와 이에야스(德川家康)

이에야스의
인품

　　도요토미 히데요시의 뒤를 이어 국내통일의 위업을 달성한 사람은 도쿠가와 이에야스(德川家康)입니다. 이에야스는 어릴 때부터 여러 가지 어려움을 겪었기에 지극히 인내심이 강했으며, 또 학문을 잘 갈고닦아 항상 남들보다 뛰어난 생각을 가지고 있었습니다. 어릴 때 강가에 나가서, 많은 아이들의 돌 던지기 시합을 구경하며, "수가 적은 쪽은 결심이 굳고 진열이 잘 정비되어 있으므로 반드시 이길 것이다."라고 말했던 것이, 과연 그대로 들어맞았던 적이 있었습니다.

도쿠가와 이에야스(德川家康)

이에야스의 출세	이에야스는 처음 오카자키(岡崎)의 성주였는데, 이마가와 요시모토(今川義元)가 사망한 후, 오다 노부나가(織田信長)와 결탁하여 하마마쓰(濱松)로 이주하였고, 호조(北條)가문이 멸망한 후 간토(關東)지방을 획득하여 에도로 옮겼습니다.
세키가하라 전투	히데요시가 사망하였을 때, 아들 히데요리(秀賴)는 고작 6세였기에, 이에야스는 마에다 도시이에(前田利家)와 함께 그를 도왔는데, 머잖아 도시이에도 사망하였으므로 이에야스의 세력은 독보적으로 번성하게 되었습니다. 히
이시다 미쓰나리 이에야스를 제거하려고 음모를 꾸미다 우에스기 가게카쓰 거병하다	데요시에게 중용되었던 이시다 미쓰나리(石田三成)는 이러한 상황을 보고, 모리 데루모토(毛利輝元)와 우에스기 가게카쓰(上杉景勝) 등과 도모하여 이에야스를 제거하려고 하였습니다. 그래서 가게카쓰는 자신의 영지인 아이즈(會津)에서 군대를 일으켰습니다. 이에야스가 가게카쓰를 토벌하기 위해 동쪽으로 향한 틈을 타, 미쓰나리도 군대를 일으켜 미노(美濃)로 들어갔습니다. 이 소식을 들은 이에야스는 군대를 돌려 미노로 들어가, 미쓰나리 등과 세키가하라(關原)에서 싸워 이들을 크게 물리쳤습니
천하를 판가름하는 전투	다. 이것이 게이초(慶長) 5년(기원2260)의 일로, 실로 천하를 판가름하는 전투였습니다.
에도막부 시작되다	세키가하라전투 후, 이에야스는 가케카쓰(景勝), 데루모토(輝元)를 비롯하여, 미쓰나리 편을 들었던 다이묘의 영지를 삭감하거나 압수하여, 이것을 공을 세운 여러 장수들에게 나누어주었습니다. 그렇게 이에야스는 천하의
이에야스 정이대장군에 임명되다	실권을 쥐고, 게이초 8년(기원2263) 정이대장군(征夷大將軍)에 임명되어 에도(江戶)에 막부를 열었습니다.

도요토미가 문 멸망하다 이에야스조 선과 수교하 다	이때부터 도요토미(豊臣)가문과 도쿠가와(德川)가문의 위치는 완전히 뒤바뀌어 히데요리(秀賴)는 막부 아래에 위치한 다이묘가 되었습니다. 그 후 히데요리는 오사카성(大阪城)에 웅거하며 도요토미가문의 재흥을 도모하였지만, 오히려 이에야스 및 그의 아들 히데타다(秀忠)장군에 의해 멸망하였습니다. 이에야스는 또 조선(朝鮮)과의 수교를 도모하였는데, 조선은 기꺼이 이에 응하였습니다. 그 후 조선은 장군이 바뀔 때마다 사신을 보내어 친선을 도모하였으며, 막부도 이들을 정중히 대접하였습니다.  닛코(日光) 도쇼궁(東照宮)의 양명문(陽明門)

이에야스 태평의 기반을 열다 도쇼다이곤겐 닛코산의 도쇼궁	이에야스는 인내심이 매우 강한 사람으로, 차근차근 사업을 추진하여 마침내 국내를 통일하여 선정을 행하였으며, 학문을 장려하여 260여 년간의 태평성대의 기초를 열었습니다. 조정은 이에야스를 모신 사원에 도쇼다이곤겐(東照大權現)이라는 호(號)를 내리고, 훗날 다시 궁호를 하사하셨습니다. 닛코산(日光山)의 도쇼궁(東照宮)은 바로 그 신사입니다.

제40 도쿠가와 이에미쓰(德川家光)

아에미쓰여러 다이묘를 복종시키다

도쿠가와 이에미쓰(德川家光)는 히데타다(秀忠)의 아들로, 천성적으로 호방한 기상을 지닌 사람입니다. 20세로 장군직에 올랐을 때, 여러 다이묘를 모아놓고, "우리 조부님은 여러분의 힘을 빌려 천하를 얻었으므로, 여러분에게 동지로서의 예를 갖췄지만, 나는 태어날 때부터 장군인 까닭에, 이후로 여러분들을 가신(家臣)으로 대할 것이다. 그것이 불만이라면 각자의 영지로 돌아가 병마를 준비하라."고 말하였습니다. 여러 다이묘는 그 위광을 두려워하여 전적으로 복종하여, 막부의 권위는 점점 왕성해졌습니다.

도쿠가와 이에미쓰(德川家光) 여러 다이묘를 훈계하다

외국과의 교통이 이루어지다	이보다 먼저 고나라(御奈良)천황 시대에 포르투갈 사람이 처음 일본으로 건너오고부터 스페인인, 네덜란드인, 영국인 등도 차츰차츰 찾아와 통상을 시작하였습니다. 일본 국민도 멀리 해외로 건너가 활발하게 무역을 하고, 타이를 비롯하여 여러 곳으로 이주하는 사람들이
일본마을	많아져, 해외 일본마을까지 조성되었습니다.
기독교	포르투갈 사람이 오고 나서 곧 기독교가 전해졌습니다.
노부나가 선교사를 보호하다	오다 노부나가(織田信長)는 그 선교사를 극진하게 보호하고, 교토(京都), 아즈치(安土) 등에 교회당과 학교를 짓게 하였습니다. 기독교가 널리 전파됨에 따라 점차 서양학문도 실행되었습니다. 하지만 기독교 신자들 중에는 일본의 풍습에 위반되는 사람도 있어 많은 폐해를 초래하였기 때
히데요시 기독교를 금하다 이에야스도 기독교를 금하다	문에, 히데요시(秀吉)는 기독교를 금지하고, 선교사들을 국외로 추방하였습니다. 이에야스(家康)도 마찬가지로 이를 엄중히 금하였습니다. 그러나 외국과의 무역은 여전히 행해지고 있었으므로, 선교사들은 끊임없이 숨어들었고, 기독교를 믿는 사람은 더 많아졌습니다.
시마바라 난	이 모습을 본 이에미쓰는 신자를 엄벌에 처하고, 국민이 해외로 도항하는 것을 금지하여 기독교를 근절하려고 하였습니다. 그 금지령이 너무 엄격하였으므로, 규슈의 아마쿠사섬(天草島), 시마바라반도(島原半島) 등의 신자
2297년 신자들 하라성에서 농성하다	들은 마침내 간에이(寬泳) 14년 난을 일으키고 하라성(原城)에서 농성하였습니다. 이에미쓰는 군사를 보내어 이듬해 이를 평정하였습니다.

쇄국 나가사키의 무역	그 후 막부는 한층 더 기독교의 단속을 엄격히 하여 서양인이 일본에 오는 것도 엄금하였습니다. 다만 네덜란드 사람은 기독교 포교에 관여하지 않았으므로, 중국인과 마찬가지로 나가사키(長崎)에 와서 무역하는 것을 허락하였습니다. 이처럼 쇄국하였기 때문에 기독교는 근절되었지만 외국과의 교류는 쇠퇴하였고, 양서(洋書)를 읽는 것도 금지되어 국민은 외국사정에 어둡게 되었습니다. 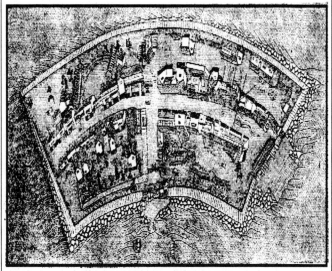 나가사키(長崎)의 데지마(出島)

제41 도쿠가와 미쓰쿠니(德川光圀)

학문이 크게 일어나다

당초 이에야스는 무력에 의해 천하를 평정했지만, 이를 다스리는 데는 학문으로서 하지 않으면 안 된다고 생각하여, 하야시 도슌(林道春) 등의 학자를 초빙하고, 또 고서(古書)를 찾아 구하여 출판하게 하였습니다. 이로부터 학문을 연마하려는 기운이 일어났습니다. 쇄국 후에는 서양학문이 전혀 전해지지 않게 되어, 우리 일본의 학문이 점점 더 발달하였습니다. 5대 장군 쓰나요시(綱吉)는 학문을 좋아하여 학문을 장려하고, 공자의 사당을 에도(江戸)의 유시마(湯島)에 세워, 도슌(道春)의 자손에게 공자를 제사하게 하는 한편, 학생들을 모아 교육하게 하였습니다. 그래서 여러 다이묘(大名) 중에서도 학문에 힘쓰는 자가 많이 나왔습니다. 미토(水戸)의 도쿠가와 미쓰쿠니(德川光圀)와 같은 다이묘는 가장 대표적인 사람입니다. 야마자키 안사이(山崎闇齋), 기노시타 준안(木下順庵), 이토 진사이(伊藤仁齋), 오규 소라이(荻生徂徠) 등의 학자가 배출된 것도 이 무렵입니다.

이에야스 학문을 권장하다

쓰나요시 학문을 장려하다

쓰나요시 시대의 문화

쓰나요시(綱吉)의 시대는 태평세월이 이어졌기 때문에, 학문 외에 조루리(淨瑠璃), 가부키(芝居) 등이 유행하여 문화가 한층 발전했는데, 풍속은 대개 화려한 아름다움으로 흘렀습니다. 그 무렵의 풍속을 겐로쿠풍(元祿風)이라 합니다.

미쓰쿠니 역사서를 읽고 감명받다

미쓰쿠니는 이에야스의 손자로, 천성적으로 매우 현명하여, 6세 때 장군 이에미쓰(家光)의 명에 의해 형 요리시게

미쓰쿠니의
인품

(賴重)를 제치고 후계자로 내정되었습니다. 18세 때, 중국의 역사서를 읽는데, "백이(伯夷), 숙제(叔齊)라는 형제가 있었다. 그 아버지는 동생이 가문을 이어가기를 원했기 때문에, 아버지가 사망한 후 형 백이(伯夷)는 동생 숙제(叔齊)에게 후계를 양보하였고, 동생 숙제(叔齊)도 다시 형에게 양보했다."는 내용을 보고, 그 의로움에 크게 감동하여, 자신도 형의 아들에게 가문의 후계를 양보하려고 결심했습니다. 또 미쓰쿠니(光圀)는 세상 사람을 인도하는 일에는 역사를 따르지 않으면 안 된다고 생각하여 역사서를 저술하려는 뜻을 세웠습니다.

도쿠가와 미쓰쿠니(德川光圀) 『다이니혼시(大日本史)』를 저술하다

『다이니혼시』를 저술하다	그즈음 우리 일본에는 좋은 역사 서적이 적었고, 국민은 자칫하면 막부(幕府)의 세력이 왕성한 것만을 보고 황실(皇室)의 존엄함을 알지 못한 듯한 양상이었습니다. 미쓰쿠니는 이것을 탄식하여 각지에서 학자를 초빙하고, 많은 서책을 수집하여 올바른 국사(國史)를 조사하게 하여서 마침내 유명한 『다이니혼시(大日本史)』를 저술함으로써, 명분(名分)을 세우고 국체(國體)를 명확히 하였습니다. 이 책은 국민의 존왕심(尊王の心)을 기르는데 크게 힘이 되었습니다.
국체를 명확히 하다	
조정을 공경하고 충효를 권장하다	미쓰쿠니는 존왕심이 깊어 항상 황실을 공경하였고, 매년 설날에는 예복을 갖추고 멀리 교토를 향하여 배례하였습니다. 자주 가신(家臣)을 훈계하였으며, "천황은 우리의 주군(主君)이시다. 장군(將軍)은 우리집안의 종가이다. 너희들은 쇼균(將軍)을 주군(主君)으로 여기는 잘못을 저지르지 말라."고 가르쳤습니다. 또 구스노키 마사시게(楠木正成)의 비석을 미나토강(湊川)에 세우기도 하고, 영내(領內)의 효자나 열녀에게 상을 내리기도 하며 충효의 도(道)를 권장했습니다.
미쓰쿠니의 검약	미쓰쿠니는 다이묘(大名)이면서 검약(儉約)을 지켜, 거실의 천정이나 벽 등은 이면지(反古紙)로 바르고, 의복도 검소하게 입었습니다. 훗날, 예전부터의 결심대로 형 요리시게(賴重)의 아들에게 후계를 물려주고 니시산(西山)에 은거(隱居)하였으며, 그 후에도 더욱 검소한 생활을 하였습니다. 지금도 미토기코(水戶義公)로 불리며, 많은 사람들로부터 존경받고 있습니다.
미토기코	

```
                    ┌─ (2)히데타다 ── (3)이에미쓰 ──
   (1)이에야스 ─────┤    (秀忠)        (家光)
      (家康)        └─ 요리후사 ── 미쓰쿠니
                        (賴房)       (光圀)


        ┌─ (4)이에쓰나
        │    (家綱)
   ─────┤   쓰나시게 ── (6)이에노부 ── (7)이에쓰구
        │    (綱重)       (家宣)         (家繼)
        └─ (5)쓰나요시
             (綱吉)
```

제42 도쿠가와 요시무네(德川吉宗)

이에노부·
이에쓰구가
아라이 하쿠
세키를 중용
하여 정치를
개선하다

도쿠가와 쓰나요시(德川綱吉)는 학문을 장려했지만, 나중에는 사치에 빠졌기 때문에 정치가 어지러워지고, 막부의 재정이 곤란하게 되었습니다. 그래서 금화나 은화의 질을 나쁘게 하고, 그 수를 늘려 비용의 부족분을 채웠습니다. 또한 외국무역으로 인하여 금과 은이 국외로 많이 유출되었습니다. 쓰나요시의 뒤를 이은 6대 장군 도쿠가와 이에노부(德川家宣)와 7대 장군 도쿠가와 이에쓰구(德川家継)는, 아라이 하쿠세키(新井白石)를 중

화폐를 다시
주조하다
금은의 국외
유출을 방지
하다

용하여 정치를 개혁하고, 화폐를 다시 주조하여 화폐의 질을 개선하였으며, 외국무역을 제한하여 금과 은이 국외로 유출되는 것을 막았습니다. 이에야스(家康) 이래 막부는 조선의 사신(使者)을 정중하게 대접하였습니다만,

조선사신의
접대를 개선
하다

그 폐해도 적지 않았기에, 도쿠가와 이에노부(德川家宣)는 하쿠세키(白石)의 의견에 기초하여 그 의식을 다시 정비하였습니다. 이처럼 이에노부(家宣)와 이에쓰구(家継)는 정치에 진력하였습니다만, 화려함을 추구한 겐로쿠풍습은 쉽게 개선되지 않았습니다. 이때에 즈음하여 8대 장군직을 이은 사람은 요시무네(吉宗)입니다.

요시무네 황
실을 공경하
다

요시무네(吉宗)는 이에야스의 증손(曾孫)으로, 도쿠가와 기이(德川紀伊)집안에서 태어났으며, 현명하고 매우 신중하여 조정의 일을 대할 때는 언제나 용모를 단정히 하였습니다.

도쿠가와 요시무네(德川吉宗)

검약을 권
장하고 무
예 수련을
장려하다

　요시무네(吉宗)가 장군이 되었을 때는, 아직 겐로쿠 풍습이 남아있어, 무사는 사치에 빠져 무예에 힘쓰지 않았습니다. 그래서 요시무네는 엄중하게 검약을 명하고, 스스로 무명옷을 입어 모범을 보였으며, 또 이따금 매사냥과 수영을 하는가 하면, 네델란드 사람을 초청하여 부하에게 마술(馬術)을 배우게 하는 등, 무예 수련을 장려하였습니다. 그 덕분에 무사의 풍습이 저절로 개선되었습니다.

산업을 권장하다 고구마재배를 확산시키다	요시무네(吉宗)는 산업에 마음을 써서, 기근 때 고구마가 도움이 된다는 것을 알고 아오키 곤요(靑木混陽)에게 고구마농사법을 기록하게 하였고, 종자와 함께 이를 여러 지방으로 배포하여 고구마재배를 확산시켰습니다. 그즈음 중국에서 수입되는 설탕은 가격이 비쌌기 때문에, 요시무네는 사탕수수의 묘목을 들여오게 하여 이를 성 안에 심어 설탕을 제조하게 하였습니다. 여러 다이묘들도 이를 배워서 산업에 주력하여 여러 지방의 산물은 점차로 증가하게 되었습니다.
설탕을 제조하다	
여러지방의 산물을 증가시키다	
양서의 금지를 풀고 네덜란드 학문을 권장하다	요시무네는 서양의 학문이 진전되어 있는 것을 듣고, 서양서적의 금지를 해제하여 기독교와 관계가 없는 서적을 읽는 것을 허락하였고, 또 아오키 곤요(靑木昆陽) 등을 나가사키(長崎)에 보내 네덜란드어를 배우게 하였습니다. 이때부터 네덜란드 학문에 뜻을 두는 사람이 점점 많아지게 되어, 후세에 양학이 왕성해지는 기초가 여기서 열리게 되었습니다. 요시무네는 이처럼 선정(善政)을 베풀고 세상을 잘 다스렸기 때문에, 세상에서는 그를 막부중흥(幕府中興)의 영주(英主)라 합니다.
막부 중흥의 영주	

이에야스 ─── 요리노부 ─── 미쓰사다 ─── (8)요시무네
(家康)　　　　(紀伊家)　　　(光貞)　　　　(吉宗)
　　　　　　　(賴宣)

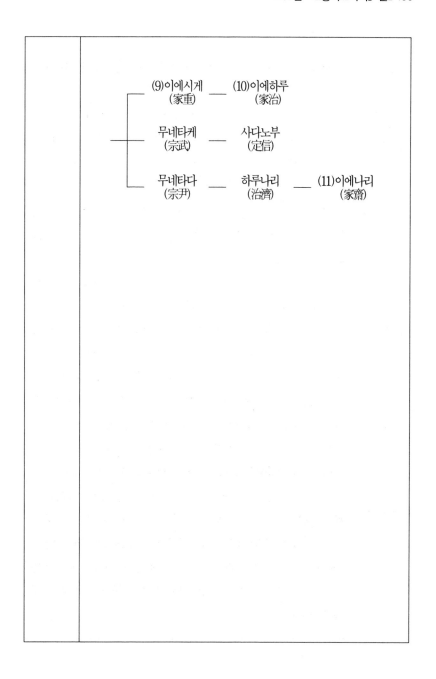

제43 마쓰다이라 사다노부(松平定信)

막부 사다
노부를 중
용하다

요시무네(吉宗) 이후 잠깐 동안 세상은 태평성대였습니다만, 머지않아 또 정치가 해이해졌기 때문에, 11대 장군 도쿠가와 이에나리(德川家濟)는 마쓰다이라 사다노부(松平定信)를 중용하여, 이를 잘 단속하게 했습니다.

사다노부의
성장

사다노부(定信)는 요시무네(吉宗)의 손자로, 어릴 때부터 현명하여 고금의 서적을 읽고 훌륭한 사람이 되었습니다. 이윽고 마쓰다이라가문의 뒤를 이어 오슈(奧州) 시라카와(白河)의 번주(藩主)가 되었고, 영내(領內)를 잘 다스려 세상 사람들로부터 우러러 존경받았습니다.

검약을 권
장하다

그 무렵 자주 폭풍(暴風)이나 홍수(洪水) 등의 천재(天災)가 있어서 여러 지방에 대기근이 발생하여, 에도(江戶), 오사카(大阪)를 비롯하여 각지의 백성들은 대단히 곤궁하였습니다. 이때 사다노부(定信)는 많은 사람들이 원하여 막부로 들어가서, 요시무네(吉宗)를 본받아 엄하게 사치를 금하여 사치품은 일체 사용치 못하게 하였으며, 검약을 권장하여 그 남는 것을 저축하게 하였습니다.

문무의 도를
장려하다

사다노부(定信)는 당시 사람들이 빈둥대며 나태함에 빠져있는 것을 보고, 먼저 무사의 풍기와 예의를 바로세우고자 생각했습니다. 그래서 유시마(湯島)에 학문소(學問所)를 개설하여 한학(漢學)을 융성케 하고, 또 많은 도장(道場)을 에도(江戶)성 안에 열어, 무예를 수련하게 하였습니다.

이처럼 문무의 도를 장려하였기 때문에, 세상의 풍속도 점점 좋아졌습니다.

이따금 교토(京都)에 큰 화재가 있어서 황거(皇居)도 그 재앙에 휘말렸기 때문에, 사다노부는 상경(上京)하여 친히 조영공사를 지휘하여 옛날 법식(法式)대로 훌륭한 궁전을 완성하였습니다. 제119대 고카쿠(光格)천황은 이를 매우 만족스럽게 생각하시고, 큰 검을 사다노부에게 하사하시어 그 공을 치하하셨습니다. 천황은 뛰어나게 영명하셨고 사다노부도 현명한 사람이었으므로, 세상 사람들은 서쪽에 성천자(聖天子)가 계시고, 동쪽에 명신(名臣)이 있다면서 서로 기뻐하였습니다.

황거조영에 힘쓰다

고카쿠천황 사다노부의 공을 치하하다

서쪽에 성천자 동쪽에 명신

마쓰다이라 사다노부(松平定信) 해안을 순찰하다

해안방비에 뜻을 세우다 2452년 러시아 사신이 오다 에도부근의 해안을 순시하다 많은 서책을 저술하다	일찍이 이에미쓰(家光)가 쇄국하고부터, 외국과의 교류가 오랫동안 단절되어 있었는데, 간세이(寬政) 4년(서기1792) 처음으로 러시아의 사신이 네무로(根室)에 와서 통상(通商)을 요청했습니다. 막부가 이를 허락하지 않았기에 외국과의 관계가 점차 원만하지 못하게 되었으므로, 사다노부는 해안을 방비하는 일에 마음을 써서, 숱한 어려움을 무릅쓰고 에도부근의 해안을 순시하였습니다. 또 어떤 때는 외국선박을 그려놓고, 거기에 この船の よるてふことを 夢の間も わすれぬは世の 寶なりけり (이 배가 다시 올 것을 잠깐의 꿈에라도 잊지 않는 것이야말로 일본의 중한 보물이 되리) 라는 와카를 지어 넣어, 해안 방비에 주의해야 할 것을 훈계하였습니다. 　사다노부는 관직을 사직하고 난 후, 호를 라쿠오(樂翁)라 하고, 많은 서책을 저술하였으며, 72세에 세상을 떠났습니다.

제44 영조(英祖)와 정조(正祖)

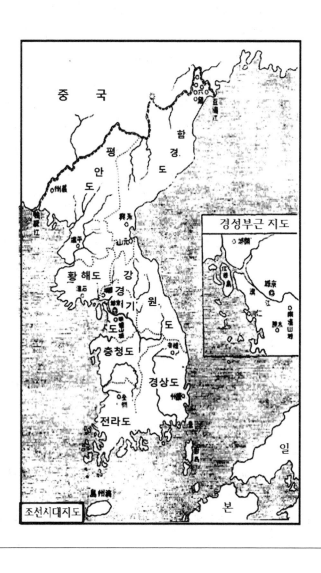

조선 청나라의 속국이 되다 만주족 침공하다 다시 쳐들어오다 영조와 정조 기독교 주문모가 오다	고미즈노오(後水尾)천황 치세에, 조선 북쪽의 만주에 만주족이 일어나 나라를 세우고, 남하하여 한반도 땅으로 쳐들어왔습니다. 당시의 조선왕 인조(仁祖)는 전란을 피해 잠시 강화도(江華島)로 거처를 옮겼습니다만, 머잖아 이들과 화목(和睦)하였습니다. 이어서 메이쇼(明正) 천황 치세에 이르러, 만주족은 국호를 청(淸)이라 칭하고, 조선이 청나라의 명령에 따르지 않는 것에 분노하여, 또다시 대군을 내어 침략하였습니다. 인조(仁祖)는 남한산성(南漢山城)으로 피신하여 이들을 방어하였습니다만, 힘이 미치지 못하여 마침내 항복하였습니다. 그 후로 조선은 오랫동안 청나라의 속국이 되었습니다. 　인조(仁祖)로부터 여러 대를 지나, 나카미카도(中御門) 천황으로부터 고카쿠(光格)천황 치세에 걸쳐 영조(英祖)와 정조(正祖)가 잇달아 등극하였습니다. 이 두 왕은 모두 민정에 진력하여 농업을 장려하였고, 검약을 실행하였으며, 형벌을 가볍게 한데다 학문을 크게 장려하였고, 또 이전부터 극심하였던 당파싸움을 없애는 일에 진력하였기 때문에, 대략 70여 년 동안 조선은 잘 다스려졌습니다. 그런데 영조와 정조 이후에는 나이어린 왕이 많이 등극하여 정치는 전적으로 외척이 휘두르게 되었고, 왕실은 점차 쇠락해갔습니다. 　이보다 앞서 서양의 문화는 일본(內地)과 중국으로 전해졌는데, 이윽고 이들 지역을 거쳐 조선에도 들어왔습니다. 정조(正祖) 때에는 기독교를 믿는 사람이 많아졌고, 중국에서 주문모(周文謨)라는 선교사도 왔습니다.

정조·순조 기독교를 금 하다	그러나 정조는 기독교가 정치에 해를 끼치는 것을 염려하여 기독교신앙을 금하고, 기독교 관련서적을 수거하여 불태웠으며, 뒤이어 순조(純祖) 때에는 주문모(周文謨)를 비롯한 수많은 신자를 형벌에 처하였습니다. 그 후에도 은밀하게 기독교를 믿는 사람은 끊이지 않았습니다.

조선왕 계보도(朝鮮王系圖)(3)

(16)인조
(仁祖) ── (17)효종
(孝宗) ── (18)현종
(顯宗) ── (19)숙종
(肅宗)

(20)경종
(景宗) (22)정조
(正祖)

(21)영조
(英祖)

(23)순조
(純祖) (24)헌종
(憲宗)

(25)철종
(哲宗)

대원군
(大院君) ── (26)이태왕
(李太王)

제45 국학(國學)과 존왕(尊王)

**해방론과
존왕론**

에도막부와 외국과의 관계가 시작되어 해방론(海防論, 에도 후기에 외국 선박의 내항에 대해 해안경비를 주장한 이론)이 왕성해질 무렵, 안으로는 학문의 진전에 따라 존왕론(尊王論)이 크게 일어났습니다.

**국학이 일어
나다**
게이추

종래엔 학문이라고 하면 대개 한학(漢學)이었습니다만, 승려 게이추(契沖)가 출현하여 일본어(國語)와 일문학(國文) 연구를 하고서부터, 국학(國學)이 비로소 시작되었습니다. 그 후 국학은 점차 활발해지게 되었고, 가

**가모 마부치
모토오리 노
리나가**

모 마부치(賀茂眞淵)나 모토오리 노리나가(本居宣長)와 같은 학자가 나왔습니다.

**노리나가
『고지키덴』
을 저술하다**
**국체를 명확
히 하다**

노리나가(宣長)는 지금까지의 한학자(漢學者) 중에는 무분별하게 중국을 공경하는 풍습이 있는 것을 한탄하고, 많은 서적을 저술하여 우리 일본의 국체(國體)가 세계에서도 뛰어난 것임을 밝혔습니다. 그의 저서 가운데 가장 유명한 것은 『고지키덴(古事記傳)』으로, 35년의 오랜 세월을 몰두하여 온힘을 다해 저술한 책입니다.

**「야마토코
코로」를 짓
다**

노리나가는 벚꽃을 무척이나 좋아하여, 직접 그린 자신의 초상에,

敷島の 大和心を 人とはば、朝日ににほふ 山櫻花
(시키시마의 일본의 고유 정신을 물어본다면, 아침 해
에 향기 풍기는 산벚꽃이라고)

라는 와카를 지어 넣고, 늘 서재(書齋)에 걸어두었다고
합니다. 이 노래는 우리 일본정신(日本魂)을 노래한 유
명한 와카(和歌)입니다.

모토오리 노리나가(本居宣長)의 서재

존왕론 세
력이 증가
하다
　　노리나가는 일본 전국에 500명 가까운 제자가 있었습
니다. 이들은 노리나가의 뜻을 계승하여 활발하게 국학
(國學)을 제창하고, 국체(國體)를 분명하게 밝히는데 진
력했습니다. 그 때문에 대일본제국(大日本帝國)은 만세
일계(萬世一系)의 천황이 친히 대정(大政)을 집권하셔야
할 것을 깨닫게 되었고, 존왕론(尊王論)은 점차 세력을
확대해갔습니다.

다카야마 히코쿠로와 가모 군페이	이 무렵 존왕(尊王)을 주장한 사람들 중에, 가장 유명한 사람은 다카야마 히코쿠로(高山彦九郎)와 가모 군페이(蒲生君平)였습니다.
히코쿠로의 성장	다카야마 히코쿠로(高山彦九郎)는 타고난 호방함에 효심이 깊은 사람으로, 소년시절에 낮에는 농업에 힘쓰고 해질녘부터는 멀리 스승님이 계신 곳에까지 다니며 열심히 학문을 익혔습니다. 13세 무렵 『다이헤이키(太平記)』를 읽고, 구스노키 마사시게(楠木正成)와 닛타 요시사다(新田義貞) 등의 충의(忠義)에 크게 감탄하였습니다.
히코쿠로 존왕의 대의를 주장하다	히코쿠로(彦九郎)는 장성함에 따라, 점점 충의의 의지가 깊어졌습니다. 이전에 황거(皇居)에 화재(火災)가 났을 때, 멀고 먼 곳에서 이 소식을 듣고 걱정한 나머지 밤낮을 가리지 않고 달려 교토(京都)에 올라갔습니다. 또 무사수행(武者修行)을 겸하여 널리 전국을 순회하며 학문(學問)과 덕행(德行)이 뛰어난 사람들과 교유를 맺었고, 늘 존왕(尊王)의 대의(大義)를 주창했습니다. 그리고 교토를 지나갈 때는 반드시 황거(皇居) 문 앞에서
황거를 배례하다	무릎 꿇고 배례하여, 삼가 황실의 존엄을 우러렀습니다. 훗날 규슈(九州)를 유람하고, 지쿠고(筑後)의 구루메(久
세상을 한탄하여 자살하다	留米)에서 세상의 모습을 한탄하여 스스로 목숨을 끊었습니다. 그는 숨이 끊어지려고 할 때, 자세를 바르게 하고 멀리 교토 쪽을 향해 배례하였다고 합니다.

다카야마 히코쿠로(高山彦九郎) 황거에 배례하다

군페이의 성장	가모 군페이(蒲生君平)는 어릴 때부터 학문을 좋아했습니다. 어느 날 할머니(祖母)로부터 집안 내력의 좋은 점을 듣고 뜻을 세워, 한층 학문에 정진하였습니다.
황릉을 조사하여 『산료시』를 저술하다	군페이(君平)는 학문이 진보함에 따라, 조정(朝廷)의 위광이 쇠락한 것을 슬퍼했습니다. 특히 역대 천황의 능이 황폐해져 있는 것을 탄식하여, 여러 지방을 순회하며 숱한 어려움을 견뎌내면서 진무(神武)천황을 비롯한 역대천황의 능을 조사하여 『산료시(山陵志)』를 저술하여, 이것을 조정(朝廷)과 막부(幕府)에 바쳤습니다. 이 책이 나온 덕분에 지금까지 세상에 알려지지 않았던 천황의

조정에서 두사람을 표창하다	능이 밝혀졌고, 황폐해진 것도 훗날 보수하게 되었습니다. 　메이지(明治)시대가 되어서 조정은 히코쿠로(彦九郞)와 군페이(君平)의 충절(忠節)을 치하하여 작위를 하사하고, 이들을 표창하였습니다.  가모 군페이(蒲生君平) 준토쿠(順德)상황의 능을 참배하다

제46 양이(攘夷)와 개항(開港)

하야시 시헤이의 성장

다카야마 히코쿠로(高山彦九郎)나 가모 군페이(蒲生君平)와 동시대에 하야시 시헤이(林子平)가 있었습니다. 시헤이(子平)는 젊은 시절부터 학문과 무예에 힘썼으며, 특히 지도를 보는 것을 좋아하는 사람이었습니다.

『가이코쿠헤이단』을 저술하다

시헤이(子平)는 북으로는 홋카이도(北海道) 끝에서부터 서쪽으로 나가사키(長崎)에 이르기까지, 전국을 돌아다니며 각 지역의 모습을 조사하였습니다. 나가사키에서 네델란드사람으로부터 외국의 형세(形勢)를 듣고, 해안방비(海防)의 중요성을 깨닫고, 『가이코쿠헤이단(海國兵談)』을 저술하여, "일본은 4면(四面)이 모두 바다여서, 에도의 니혼바시(日本橋)에서 유럽대륙까지 수로(水路)가 이어져 있다. 그들이 공격해 오려고 하면 어디서든 올 수 있을 것이다. 그 방비를 게을리 해서는 안 된다."고 주장하였습니다.

서양 여러 국가 점차 일본에 접근하다

이즈음 서양 여러 나라는 계속해서 동양으로 세력을 넓히고, 차츰 일본으로 접근하려 하고 있었기 때문에, 이 말은 실로 합당한 주의를 준 것이었습니다.

시헤이 처벌받다

그런데 일본은 오랫동안 쇄국정책을 계속하고 있었기 때문에, 국민은 세계의 형세(大勢)를 알지 못했습니다. 그래서 시헤이의 주장은 쓸데없이 인심을 현혹시키는 것이라 하여, 막부는 『가이코쿠헤이단』과 그 판본을 몰수하고 시헤이를 처벌하였습니다. 그러나 시헤이의 나라를 사랑하는 진심을 알았기 때문에 나중에 그 죄는

시헤이 추상되다	사면되었고, 메이지(明治)기에 이르러 시혜이는 새로이 추상(追賞) 되었습니다.
양이론 일어나다	간세이(寬政) 4년(서기1792), 러시아의 사신이 와서 통상(通商)을 요구하였는데 막부가 이를 허락하지 않았기 때문에 러시아인은 사할린(樺太)과 지시마(千島)에서 난폭한 행동을 하였습니다. 뒤이어 영국 배도 들어와서 나가사키(長崎)를 소란스럽게 하였기 때문에, 나가사키부교(長崎奉行, 에도막부의 관직명 온고쿠부교(遠國奉行)의 하나)는 그 책임을 지고 자살하였습니다. 이런 일로 국민은 외국의 횡포(橫暴)에 분개하여 양이론(攘夷論)이 왕성하게 일어났으며, 막부는 해안방어(海防)를 더욱 엄중하게 하고, 마침내 외국선박의 격퇴를 명하기에 이르렀습니다.
러시아인 난폭한 행동을 하다 영국인 나가사키를 소란스럽게 하다	
막부 외국선을 쫓아낼 것을 명령하다	

도쿠가와 나리아키(德川齋昭) 계속 대포를 주조하다

도쿠가와 나리아키 와 존왕양 이론 나리아키의 인품	이 무렵 가장 열심히 양이론(攘夷論)을 주창한 사람은 미토번(水戸藩)의 번주(藩主) 도쿠가와 나리아키(德川齋昭)였습니다. 나리아키(齋昭)는 기상(氣象)이 뛰어난 사람으로 고도칸(弘道館)을 세워서 크게 문무(文武)의 업을 장려하였고, 많은 대포(大砲)를 주조하여 해안방어(海防)에 대비하였습니다. 또 미쓰쿠니(光圀)의 뜻을 따라, 황실(皇室)을 공경하여 매년 원단(元旦)은 물론, 선대천황(先帝)의 기일(忌日)에는 몸을 정갈하게 하고 교토(京都)의 황궁에 요배(遙拜)하였으며, 가신(家臣)들에게도 늘 황실(皇室)을 공경할 것을 훈계하였습니다. 이 나리아키(齋昭)가 적극적으로 양이(攘夷)를 제창하여, 세상의 인심을 이끌었고 국위(國威)를 손상하지 않도록 힘썼기 때문에, 이때부터 존왕양이론(尊王攘夷論)이 인심을 크게 움직였습니다.

제47 양이(攘夷)와 개항(開港)(계속)

개항론자 출현하다

양이론(攘夷論)이 왕성해 지는 동안 양학(洋學)을 공부한 사람 중에는 어느 정도 외국 사정(事情)에 능통하여, 양이(攘夷)가 불가하다며 개항(開港)의 의견을 가진 사람들도 나왔습니다. 와타나베 가잔(渡辺華山)과 다카노 조에이(高野長英)가 그 주된 인물이었습니다만, 혹세무민(惑世誣民)하는 사람이라 하여 막부로부터 처벌을 받았습니다.

와타나베 가잔
다카노 조에이

고메이천황 막부에 명령을 내리다

이 무렵, 제121대 고메이(孝明)천황이 즉위하셔서, 막부에 명하여 해안방어(海防)를 엄중히 하게 하였고, 국위(國威)를 손상하지 않도록 훈계하셨으며, 나아가 외국선의 도래(渡來) 양상을 보고하도록 하였습니다.

미국 사절 페리 오다
2513년

때마침 가에이(嘉永) 6년(서기1853), 미국의 사절 페리(M. C. Perry)는 군함(軍艦)을 이끌고 사가미(相模)의 우라가(浦賀)에 와서, 우호친선과 통상(通商)할 것을 요청했습니다. 크게 놀란 막부는 우선 내년을 기약하고 페리를 돌려보낸 후, 그 사연을 조정(朝廷)에 아뢰었고, 여러 다이묘(大名)들에게도 의견을 내도록 하였습니다. 이 때부터 양이(攘夷)나 개항(開港)에 대해 의론(議論)이 분분하였고, 세상은 크게 시끄러워지게 되었습니다.

양이 개항에 대한 의견이 분분하다

미국 사절 페리 오다

막부 화친
조약을 맺다
페리 다시
오다

　이러한 사정으로 막부의 방침도 정해지지 않은 동안
에, 이듬해 페리가 다시 와서 지난해의 답변을 요구했습
니다. 막부는 어쩔 수 없이 화친조약(和親條約)을 맺고,
이즈(伊豆)의 시모다(下田)와 홋카이도(北海道)의 하코
다테(函館) 2개의 항을 개항하였고, 땔감과 식수 및 식
료품 등의 필수품을 제공할 것을 약속하였습니다.

통상조약을 맺다 　해리스 오다	그 후 얼마 되지 않아, 미국의 총영사(總領事) 해리스 (*Townsend Harris*)가 와서, 세계의 대세(大勢)를 설명하며 열심히 통상을 열 것을 권했기 때문에, 막부도 이에 동의하여 통상조약(通商條約)을 체결하기로 결정하고, 조정에 칙허(勅許)를 요청하였습니다. 천황은 국론 (國論)이 정해지지 않은 것을 우려하시어, 쉽게 그 요청을 허락하지 않으셨습니다. 그럼에도 불구하고 막부는 해리스의 압박과 동양의 형세를 고려하여 더 이상 유예할 수가 없어서, 마침내 칙허(勅許)를 기다리지 않고 미국과 통상조약을 맺고, 시모다(下田), 하코다테(函館) 외에, 가나가와(神奈川), 나가사키(長崎), 니이가타(新潟), 효고(兵庫) 등 4개의 항구를 개항하여 무역 장소로 할 것을 약속하였습니다. 그것이 안세이(安政) 5년(서기
2518년 안세이의 가조약	1858)의 일로, 이것을 '안세이의 가조약(安政の假條約)'이라 합니다. 이어서 막부는 네덜란드, 러시아, 영국, 프랑스의 4개국과도 마찬가지의 조약을 맺었습니다.

막부말기 외교관계 요지도

무사시

가 이

사가미

가나가와

스루가

이 즈

시모다

下総

戸江

弥生

神傍

가 즈 사

우라가
구리하마

아와

<table>
<tr><td>이이 나오
스케 막부
에 반대하
는 사람들
을 처벌하
다</td><td>　그 때문에 천황은 막부의 전횡에 크게 분개하셨고, 또
도쿠가와 나리아키(德川齋昭) 등은 당시 다이로(大老) 이
이 나오스케(井伊直弼)의 죄를 추궁하여, 세상은 더한층
소란스러워졌습니다. 나오스케(直弼)는 막부에 반대하는
사람들을 억압하려고, 나리아키(齋昭) 등을 연금하고, 그
외 다른 사람을 체포하여 제각각 중벌을 내렸습니다. 그
중에 요시다 쇼인(吉田松陰)이라는 사람이 있었습니다.</td></tr>
</table>

요시다 쇼인 인재를 양성 하다 나오스케 살 해당하다	쇼인(松陰)은 언제나 나라 일을 염려하여, 쇼카손주쿠(松下村塾)를 열어 인재(人才)를 양성했던 사람입니다. 나오스케(直弼)는 얼마되지 않아 미토의 로시(浪士, 섬기던 영주를 잃은 무사)들에 의해, 에도(江戶)의 사쿠라다(櫻田) 검문소 밖에서 살해당했습니다.

```
                      요리노부      ..........  ─  (11)이에나리 ──
                      (賴宣)                        (家齋)
이에야스 ┌──────
(家康)   │        (水戶家)
         └──── 요리후사   ─  미쓰쿠니              ...............
                (賴房)        (光圀)

                                (12)이에요시  ─  (13)이에사다
                                  (家慶)            (家定)
         ────┬──────
             │
             └─────      □       ─   (14)이에모치
                                         (家茂)

         .........    나리아키        (15)요시노부
                        (齋昭)   ─      (慶喜)
```

제48 고메이(孝明)천황

조정의 위광
을 높이다

고메이(孝明)천황은 천성이 강직하신 분으로, 17세에
즉위하시었습니다. 항상 국내정치와 외교(外交)에 대해서
깊이 마음을 쓰셨습니다. 천황은 산조 사네토미(三條實

에도로 칙사
를 보내 양이
를 촉구하다

美) 등을 에도에 칙사(勅使)로 보내어, 양이(攘夷)를 촉구
하셨습니다. 장군 이에모치(家茂)는 삼가 칙명을 받들었
습니다. 이때부터 조정(朝廷)의 위광(威光)이 높아져서 정
치의 중심은 차츰 조정으로 옮겨졌습니다.

산조 사네토미(三條實美) 칙명을 장군 이에모치(家茂)에게 전하다

아에모치 칙명을 받들어 양이의 기일을 정하다	이에모치(家茂)는 칙명을 받들고 교토로 올라갔습니다. 천황은 장군과 여러 다이묘를 거느리고 가모(賀茂)신사에
천황 가모신사에 행차하시다	행차하셔서 양이(攘夷)를 기원하셨습니다. 그 엄숙한 행렬을 바라본 사민(士民)은 모두 천황의 존엄을 우러르면서 감동하여 흐느껴 울었습니다. 이처럼 양이론(攘夷論)의 기세(氣勢)가 날로 고조되었기 때문에, 이에모치(家茂)는 양이(攘夷)를 실행할 기일(期日)을 정하여 이를 조정에 보고하고, 또 여러 다이묘에게도 통지하였습니다.
양이를 중지하다	이윽고 그 기일이 되자, 나가토번(長門藩)은 시모노세키(下關)해협을 지나는 외국함대를 포격하고, 뒤이어 양이(攘夷)의 친정(親征)을 조정에 청원하였습니다. 그러나 사쓰마(薩摩), 아이즈(會津) 등에서 온건론을 주창하는 사람들은 친정(親征)의 불가함을 조정에 상신했기 때문에, 조정은 나가토번(長門藩)의 청원을 기각하셨습니다. 그 후 나가토번(長門藩)은 어쨌든 막부를 따르지 않았기 때문에, 막부는 조정의 명을 받들어 이를 공격했
조슈정벌	습니다. 그러나 그즈음 막부는 완전히 위신을 잃고 있어서, 여러 다이묘 중에는 막부의 명령을 듣지 않은 자도 있었고, 게다가 이에모치(家茂)가 병으로 사망하였기 때문에, 조정은 정벌을 중지하도록 명하였습니다.
천황의 덕	고메이(孝明)천황은 춘추 36세에 돌아가셨습니다. 천황은 재위 20년 동안 국내외적으로 사건이 많았기 때문에, 밤낮으로 마음 편안할 겨를이 없었습니다. 이전에 외
기원문을 이세신궁에 바치다	교문제로 떠들썩한 일을 우려하시며, 칙사(勅使)를 이세(伊勢)에 보내셔서 친필 기원문을 신궁(神宮)에 올리고

국난극복을 위해 기도하셨으며, 칙사가 교토로 돌아올 때까지 매일 밤 정원에 나가셔서 신궁(神宮)을 향해 요배(遙拜)하셨습니다. 당시 황실의 비용이 매우 부족했는데, 천황은 그 불편함을 견디시며 오로지 백성을 가엾이 여기셨습니다. 그래서 국민은 모두 천황의 성덕을 우러러 받들었고, 조정의 위광은 해가 갈수록 더해져, 정권(政權)이 조정으로 뒤돌려질 기운은 날로 더해갔습니다.

고메이(孝明)천황

제49 왕정복고(王政復古)

요시노부 정권을 조정에 봉환하다

고메이(孝明)천황이 붕어하신 후, 제122대 메이지(明治)천황이 즉위하셨습니다. 그 무렵 막부의 권위는 완전히 땅에 떨어져 있었기 때문에, 이와쿠라 도모미(岩倉具視) 등 귀족들은 은밀하게 오쿠보 도시미치(大久保利通),

막부를 무너뜨릴 기획

사이고 다카모리(西鄕隆盛), 기도 다카요시(木戶孝允) 등과 연합하여 막부를 무너뜨리고자 도모하였습니다. 도사(土佐)의 전 번주(藩主)인 야마노우치 도요시게(山內豊信)는 이런 상황을 알아차리고, 가신(家臣) 고토 쇼지로(後藤象二郎)를 장군 요시노부(慶喜)에게 보내, 정권을 조정(朝廷)에 되돌려 드리도록 권유하였습니다. 요시노부

요시노부의 인품

(慶喜)는 미토번(水戶藩)의 도쿠가와 나리아키(德川齋昭)의 아들로, 학문이 깊고 견식은 넓으며, 존왕심(尊王心)이 두터운 사람이었기 때문에, 일본이 세계 각국과 교류하여 강국이 되어가기 위해서는 국민 모두가 황실을 중심으로 서로 합심하지 않으면 안 된다는 것을 생각하고, 도요시게(豊信)의 권유에 따라서 대정봉환(大政奉還)할 것을 조정(朝廷)에 청해 올렸습니다. 천황은 즉시 이를 허락하셨

왕정복고

습니다. 이것을 왕정복고(王政復古)라 합니다. 이것이 게이오(慶應) 3년(기원2527, 서기1867)의 일로, 이에야스(家康)가 정이대장군(征夷大將軍)이 되고부터 15대 265년, 정권이 무가(武家)로 옮겨진 지 대략 700년이 지난 일입니다. 이듬해 연호를 메이지(明治)로 바꾸었습니다.

도바·후시미전투 2528년	막부의 지난날 은혜를 생각하는 아이즈(會津), 구와나(桑名) 등의 번사(藩士)들은 불만을 품고, 도쿠가와 요시노부(德川慶喜)를 부추겨 메이지 원년(서기1868) 초, 오사카에서 교토로 들어가려고 하였지만, 도바(鳥羽)·후시미(伏見)의 전투에서 패하여 요시노부는 에도로 돌아갔습니다.  동정대총독(東征大總督) 다루히토(熾仁)친왕 군대를 진군시키다

요시노부의 공순	그래서 조정은 아리스가와노미야 다루히토(有栖川宮熾仁)친왕을 동정대총독(東征大總督)으로 하고, 사이고 다카모리(西鄕隆盛) 등을 참모로 하여, 대군(大軍)을 이끌고 에도로 향하게 하였습니다. 요시노부(慶喜)는 처음부터 조정에 맞설 마음은 조금도 없었기에 우에노(上野)에 틀어박혀 한결같이 고분고분 명령을 따르겠다는 뜻을 표했기 때문에, 조정은 요시노부의 죄를 용서하고, 에도성(江戶城)을 접수하였습니다.
전국을 모두 평정하다 쇼기타이 패하다 와카마쓰성 항복하다 고료카쿠 항복하다 2529년	요시노부(慶喜)의 가신(家臣)으로 순역(順逆)을 잘못 이해하여 쇼기타이(彰義隊)라 칭하며 우에노에서 농성한 자들이 있었으나, 머잖아 관군(官軍)에게 패하였습니다. 이전에 고메이(孝明)천황 때, 교토를 수호(守護)하여 공을 세웠던 아이즈번(會津藩)의 번주 마쓰다이라 가타모리(松平容保)는 오우(奧羽)의 여러 번(藩)과 의논하여 와카마쓰성(若松城)에 웅거하였으나, 머잖아 힘이 다하여 관군에게 항복하였습니다. 또 에노모토 다케아키(榎元武揚) 등은 군함을 이끌고 홋카이도로 도주하여 고료카쿠(五稜郭)에 웅거하였지만, 이 또한 메이지 2년(서기 1869) 5월 관군에게 항복하였습니다. 이렇게 해서 전국은 모두 평정되었습니다.

제50 메이지(明治)천황

1. 메이지유신

메이지(明治)천황은 고메이(孝明)천황의 두 번째 황자(皇子)로서, 가에이(嘉永) 5년(서기1853)에 태어나셨습니다. 천성적으로 영명하시고 강직하셔서, 어릴 적에 병사들의 훈련연습을 보시게 되었는데, 많은 뇌성이 일시에 떨어지는 것 같은 엄청난 대포(大砲)소리와 소총(小銃)소리가 요란하게 울려 퍼지는 가운데서도 안색조차 변하지 않으셨습니다.

메이지천황은 즉위하실 때, 춘추가 16세이셨습니다. 그리고 요시노부(慶喜)의 대정봉환(大政奉還)을 윤허하시고, 이후로부터 모든 정치는 조정으로부터 나와야 할 것을 천하에 밝히셨으며, 산조 사네토미(三條實美), 이와쿠라 도모미(岩倉具視), 사이고 다카모리(西鄕隆盛), 오쿠보 도시미치(大久保利通), 기도 다카요시(木戶孝允) 등을 중용하여 제반 정무를 담당하게 하셨습니다. 이 시점에서 무가정치는 종결되고, 천황께서 친히 천하의 대권을 통치하시게 되었습니다. 이것을 메이지유신(明治維新)이라고 합니다.

메이지 원년(서기1868) 3월, 천황은 시신덴(紫宸殿)에 나오셔서, 문무백관들을 이끄시고 친히 신정(新政)의 큰 방침을 천지의 신들에게 맹세하시고, 이를 국민에게 고하셨습니다. 그것은,

(좌측 난외 주석)
메이지천황의 유년시절
영명하고 강직한 성품

메이지유신

5개조의 맹세문을 공포하시다

	─ 널리 공의(公議)를 일으켜 제반 문제를 공론(公論)에 부쳐, 여론에 따라 결정한다.
	─ 위아래가 마음을 하나로 통합해 끊임없이 경륜(經綸)을 행하여야 한다.
	─ 문무백관으로부터 서민에 이르기까지 각기 그 뜻을 이루고, 사람들의 마음이 지치지 않게 하는 것을 요한다.
	─ 구래(舊來)의 폐습(弊習)을 타파하고 천지(天地)의 공도(公道)에 따른다.
	─ 지식을 널리 세계로부터 구하여 크게 황국의 기반을 진작시켜야 한다.
새로운 정치 기초를 정하시다	는 것입니다. 이것을 〈5개조 맹세문〉이라고 합니다. 새 정치(新政)의 기초는 이것에 의해 정해졌습니다.

메이지(明治)천황 도쿄행차 중 농사일을 살펴보시다

수도를 도쿄로 정하시다 황후를 맞이하시다	이 해에 천황은 에도를 도쿄(東京)로 개칭하고, 드디어 도쿄에 행차하셨습니다. 어가(鳳輦)는 천천히 황궁을 나와서 도중에 아득히 보이는 이세(伊勢)의 신궁(神宮)을 배례하고 도카이도(東海道)를 따라 하루를 걸려 도쿄의 궁성(宮城)으로 들어가셨습니다. 연도(沿道)의 백성들은 천황의 행차를 배견하고, 모두 눈물을 흘리며 서로 기뻐하였습니다. 뒤이어 천황은 교토(京都)로 환궁(還宮)하셔서 황후(皇后)를 맞이하시고, 이듬해에 다시 도쿄로 행행하시어, 그때부터 오랫동안 이곳에 거주하시었습니다.  메이지(明治)천황 도쿄의 궁성(宮城)에 들어가시다

번을 폐하고 현을 설치하다 여러 번주 영지를 천황께 바치다 2531년	이 무렵 다이묘(大名)는 원래대로 각자의 영지(領地)를 가지고 있었는데, 이럴 경우 조정(朝廷)의 명령이 충분히 전달되지 않았으므로, 나가토(長門), 사쓰마(薩摩), 히젠(肥前), 도사(土佐) 4개 번의 번주(藩主)는 의논하여 그 영지를 조정에 봉환(奉還)할 것을 청하였고, 다른 여러 번주들도 이에 따랐습니다. 조정은 이를 허락하시고, 잠시 동안 구 번주들에게 각자의 영지를 다스리도록 하였습니다. 메이지 4년(서기1871) 폐번치현(廢藩治縣)을 시행하시고, 새로이 지사(知事)를 임명하셨습니다. 이때부터 일본의 정치는 모두 일신되어 메이지유신(明治維新)의 대업은 완성되었습니다.
국내외 정치를 정비하시다 학제를 정하시다 징병령을 선포하다 여러 나라와 화친을 두텁게 하다	조정은 새롭게 학제(學制)를 정하여 국민 전체가 교육을 받게 하였으며, 또 징병령을 시행하여 국민은 모두 병역에 복무해야할 것을 규정하셨습니다. 이렇게 국내정치를 정비함과 동시에, 외국과의 관계도 개선하여, 세계의 대세(大勢)에 따라서 여러 외국과 화친(和親)을 두텁게 할 방침을 취하고 주요 조약국에 공사(公使)를 설치하였으며, 또 이와쿠라 도모미(岩倉具美) 등을 구미(歐美) 여러 나라에 파견하여 더욱더 친분을 두텁게 하여 미리 그 문명을 시찰하게 하시었습니다.
	## 2. 세이난전쟁(西南の役)
조선에 수교를 권하다	우리 일본과 조선은 옛날부터 깊은 관계였으므로, 조정은 외국과 화친(和親)을 두텁게 하는 방침을 세우시고,

우선 조선에 사신(使者)을 보내어 우호관계 맺기를 권유했습니다.

그 무렵 고종이 조선의 왕이었는데, 아직 나이가 어린 까닭에 그의 아버지인 대원군(大院君)이 정치를 돕고 있었습니다. 대원군은 쇄국양이(鎖國攘夷)의 방침을 취하였기에, 조선은 게이오(慶応) 2년(서기1866) 많은 기독교 신자를 벌하였고 프랑스 선교사를 죽였으며, 강화도로 다가온 프랑스 군함(軍艦)을 격퇴하였고, 메이지 4년(서기 1871)에는 미국 군함이 와서 통상을 요구하였는데 이를 거절하였습니다. 그 때문에 일본의 권유에도 응하지 않았고 오히려 예의를 져버린 행동을 종종 하였습니다.

그 때문에 일본에는 정한론(征韓論)을 주장하는 사람이 많아졌고, 사이고 다카모리(西郷隆盛)는 직접 조선에 가서 담판을 시도해보고, 그래도 받아들여지지 않는다면 출병하여 조선을 정벌할 것을 주장하였는데, 조정의 논의에서는 거의 결정될 것 같았습니다. 그러나 조선과는 어디까지나 화친해야 한다는 의견도 있었습니다. 그 가운데 메이지 6년(서기1873) 구미의 여러 나라를 시찰하고 돌아온 이와쿠라 도모미(岩倉具視) 등이 조선정벌에 크게 반대하여, 이일은 결국 멈추게 되었습니다.

이 일로 다카모리(隆盛)는 관직을 사임하고 가고시마(鹿兒島)로 돌아가서 사립학교를 설립하여 제자들을 교육하였습니다. 이들 제자들은 정부가 하는 일에 불평을 품고 메이지 10년(서기1877) 다카모리(隆盛)를 앞세우고

조선 예를 잃어버리다
대원군 정치를 보좌하다
2526년

프랑스와 전투하다
미국을 물리치다

정한론
다카모리 출병을 주장하다

2533년
도모미 등이 이를 반대하다
다카모리거병하다

2537년

구마모토성을 포위하다	거병하여 구마모토성(熊本城)을 포위하는 등 그 위세는 한때 대단하였습니다.
관군 다카모리를 죽이다	그래서 조정은 아리스가와노미야 다루히토(有栖川宮熾仁)친왕을 정벌총독(征討總督)으로 하여, 다카모리(隆盛)를 타도하게 하였습니다. 관군(官軍)은 곳곳에서 분전하여 적을 쳐부수고, 구마모토(熊本)성을 구해냈으며, 결국 다카모리(隆盛)를 가고시마(鹿兒島)의 시로야마(城山)로 포위하여 쓰러뜨렸습니다. 이것을 '세이난전쟁(西南の役)'이라 합니다. 훗날 천황은 다카모리의 옛 공훈
천황 다카모리의 옛 공을 치하하시다	을 고려하시어, 역적의 명단에서 제외하고 작위를 하사하셨습니다.

메이지(明治)천황 오사카 육군병원에 행차하시다

황실의 은혜 일본 적십자 사의 기원	이 전쟁 중에 천황께서는 오사카육군병원에 행차하시어 친히 부상병을 위로하셨고, 황태후와 황후는 손수 붕대를 만들어 부상자에게 하사하셨기에, 황실의 깊은 은혜에 감읍하지 않는 사람이 없었습니다. 또 사노 쓰네타미(佐野常民) 등은 박애사(博愛社)를 건립하여, 아군과 적군의 구별 없이 부상자를 치료하였습니다. 이것이 우리 일본 적십자사(赤十字社)의 유래입니다.

3. 헌법발포(憲法發布)

중의에 의한 정치를 시행 하다	메이지 초, 천황이 내리신 <5개조 맹세문> 가운데, '널리 공의(會議)를 일으켜 제반 문제를 공론(公論)에 부쳐, 여론에 따라 결정한다.'라고 명하신 것이 있습니다. 이것은 중의(衆議)에 의한 정치를 시행하실 방침을 나타내신 것입니다. 정부는 이 방침에 근거하여, 도쿄에서 지방관회의(地方官會議)를 열어 지방의 정치를 논의하게 하였고, 또 부·현회(府·縣會)를 설치하여 민간으로부터 의원을 선출하게 하는 등, 차츰 여론(輿論)을 채용하는 길을 열었습니다.
국회개설의 칙명을 하달 하시다 국민 국회개 설을 원하다 2541년	이에 따라 민간에서 정치를 논하는 사람이 많아져 국민의 정치사상은 점점 발달하여, 속히 국회를 개설하고자 청원하는 사람이 계속하여 나타났습니다. 천황은 이것을 보시고, 메이지 14년(서기1881)에 이르러 칙명을 하달하여, 오는 메이지 23년(서기1890)에 국회를 개설할 것을 말씀하셨습니다. 국민은 크게 기뻐하였고, 이타가키

<table>
<tr><td>정당을 조직
하게하다</td><td>다이스케(板垣退助), 오쿠마 시게노부(大隈重信) 등은 각
각 정당을 조직하여 국회 개설에 대한 준비를 하였습
니다.</td></tr>
</table>

정당을 조직 하게하다	다이스케(板垣退助), 오쿠마 시게노부(大隈重信) 등은 각 각 정당을 조직하여 국회 개설에 대한 준비를 하였습 니다.

메이지(明治)천황 대일본제국헌법(大日本帝國憲法)을 발포하시다

대일본제국 헌법 및 황실 전범을 발포 하시다 이토 히로부미 에게 제도조사 를 명하다	천황은 또 이토 히로부미(伊藤博文)를 유럽에 파견하 여, 각국의 제도를 시찰하게 하셨습니다. 그리고 히로부 미(博文)의 조사에 근거하여 새롭게 내각제도를 정하고, 이어서 지방자치제(地方自治制)를 시행하여, 드디어 메이 지 22년(기원2549, 서기1889) 기원절이라는 길일을 기하 여 천황은 다이고쿠덴(大極殿, 정전)에 나오셔서, 내외 관 민을 초대하여, 대일본제국헌법(大日本帝國憲法)과 황실 전범(皇室典範)을 발포하셨습니다. 제국헌법은 천황이 일 본을 통치하실 대법(大法)을 정한 것이고, 황실전범(皇室 典範)은 황실에 관한 근본적인 법칙을 정한 것입니다. 천 황은 국민의 행복을 꾀하여, 다함께 국운을 진전시키려는

흠정헌법 국민의 각오 제국의회를 개최하시다 2550년	크나큰 마음에서 이 중요한 법전을 제정하셨고, 국민 모두는 그 인덕을 우러러 위아래 모두가 화목한 기운이 흘러넘치는 가운데 이를 발포하시었습니다. 이것은 흠정헌법(欽定憲法)으로, 다른 나라에는 전례가 없는 것입니다. 국민은 한없이 기뻐하며 황은(皇恩)의 고마움에 감격하여, 천황이 다스리는 나라를 위하여 진력하려는 각오가 한층 왕성해졌습니다. 　이듬해인 메이지 23년(서기1890) 귀족원(貴族院)과 중의원(衆議院) 양원(兩院)의원들을 도쿄로 소집하여, 천황이 친히 납시어 제1회 제국의회(帝國議會)를 개회하셨습니다. 의회는 이때부터 매년 소집되었고, 국정에 관한 제반 문제를 공론(公論)에 부쳐, 공론으로 결정하게 하려는 천황의 생각은 실제로 실행되었고, 국운은 점점 더 개화되어갔습니다.  천황 제1회 제국의회(帝國議會)를 개최하시다

4. 조선의 정세

조약 체결하다
쇄국양이의 방침
2535년

일본에서는 정한론(征韓論)이 일어날 정도인데, 조선은 역시 쇄국양이(鎖國攘夷)의 방침을 이어가고 있었습니다. 메이지 8년(서기1875) 일본군함이 강화도(江華島)에 접근했을 때 불의의 포격을 받았기 때문에, 일본군은 즉각 포대를 함락시켰습니다. 이듬해 우리 일본은 사신을 보내어, 양국이 상호간에 우호 해야 할 도리를 설명하고 마침내 수호조약을 체결하여, 부산, 인천, 원산의 3개의 항구를 개항하게 하였습니다. 세상에서 이를 〈강

강화도조약

구미 여러나라와도 조약을 맺다

화도조약〉이라 합니다. 이 조약은 조선이 근세가 되고 나서 외국과 맺은 최초의 조약입니다. 그 후, 구미 여러 나라들도 조선과 조약을 맺고 통상을 시작했습니다.

임오군란

당시 조선의 정치는 매우 어지러웠고 백성의 생활은 피폐(疲弊)했으며, 국고도 대단히 궁핍했습니다. 메이지

2542년

15년(서기1882) 오랫동안 봉급미(給米)를 받을 수 없었던 병사들은 불만이 쌓여 폭동을 일으키며 왕궁에 난입하였습니다. 이 소동으로 일본공사관도 불탔는데 나중에 조선이 그 잘못을 크게 사죄하였기 때문에, 일본은 차후의 일을 훈계하였습니다.

갑신정변

그런데 청나라는 이 사건을 빌미로 병사를 조선에 보내어 크게 조선의 국정에 간섭했습니다. 조선사람 중에

청나라 간섭

는 청나라에 의지하려는 사람과 일본에 의지하려는 사람

2544년

이 있어서 서로 다투었습니다. 메이지 17년(서기1884) 청나라에 의지하려는 사람이 청나라 군대의 힘을 빌려서

뜻하지 않게 일본에 의지하려는 사람들을 쳐부수고, 급기야 일본공사관까지 습격하여 많은 관민을 살상(殺傷)하였습니다. 이 사변은 청나라가 자국의 힘을 과시하려고 일으킨 것이기 때문에, 이에 일본은 조선에 그 잘못을 사과하게 하고, 아울러 이토 히로부미(伊藤博文)를 청나라에 보내어, 이홍장(李鴻章)과 텐진(天津)에서 만나 담판하게 하여, 양국모두가 조선에 군사를 두지 말 것과 만약 필요할 경우 상호간에 통지한 후에 출병할 것을 약속했습니다. 이것을 <텐진조약(天津條約)>이라 합니다.

텐진조약

5. 청일전쟁(明治二十七八年戰役)

청일전쟁의 개전

<텐진조약(天津條約)>을 체결한 후에도 청나라는 계속 조선을 속국인 것처럼 취급하여 몰래 청나라에 의존하려는 자를 도왔으므로, 그 무리들은 저절로 세력을 얻어 정치를 크게 어지럽힌 까닭에, 결국 메이지27년(서기 1894)에 이르러 마침내 내란(內亂, 동학란)이 일어났습니다. 그래서 청나라는 속국의 난(難)을 돕는다는 평계로 조선에 파병하고, 그 사실을 일본에 통지하였습니다. 이에 일본도 공사관과 거류민을 보호하기 위해서 출병하였고, 청나라와 힘을 합하여 조선의 폐정(弊政)을 개선하려고 하였으나, 청나라는 이를 듣지 않고 오히려 자국의 욕망을 채우려고 대군을 보냈습니다. 같은 해 7월 청나라의 군함이 풍도(豊島) 앞바다에서 불시에 일본군함에게

내란이 일어나다
2554년

청일양국의 출병

풍도해전

포격하여 전단(戰端)을 열었기 때문에, 일본군함은 바로 응전하여 이를 격파하였고, 또 육군도 성환(成歡)에서 청나라군과 싸워, 크게 승리하였습니다. 이렇게 되자 다음달, 천황은 청나라에 대한 선전(宣戰)의 조칙을 하달하시고, 뒤이어 대본영(大本營)을 히로시마(廣島)에 전진배치시키셨기 때문에, 우리 황군의 사기는 크게 진작되어 하늘을 찌를 정도였습니다.

성환전투

선전의 조칙을 하달하시다
대본영을 히로시마에 전진배치하다

청일전쟁
요지도

일본군 대 승하다 평양전투 황해전투 웨이하이웨 이 함락하다 랴오둥반도 점령하다	때마침 이 무렵 일본육군은 평양에 집결해 있던 청나 라군대를 공격하여 쫓아버리고, 일본해군은 황해에서 청 나라의 대함대를 격파하였습니다. 그때부터 일본군은 육 지에서나 바다에서나 싸우면 승리하고 공격하면 탈취하 였고, 이듬해인 메이지 28년(서기1895) 육군대장 오야마 이와오(大山巖)와 해군중장 이토 유코(伊東祐亨)는 서로 힘을 합하여 청나라 해군의 근거지인 웨이하이웨이(威 海衛)를 함락시켰으며, 한편에서는 랴오둥(遼東)반도를 점령하고, 바로 베이징(北京)으로 육박하려고 했습니다.

천황 궁성을 출발하여 대본영(大本營)을 히로시마(廣島)에 전진배치 하시다

시모노세키 조약 조약 조항 2555년 랴오둥반도 를 청나라에 반환하다 조선 국호를 한(韓)으로 개칭하다 타이완의 평정 요시하사친왕 타이완신사	이 형세를 보고 청나라는 크게 두려워하여, 이홍장(李鴻章)을 일본에 보내어 화친을 요청했습니다. 이에 우리 일본은 내각총리대신 이토 히로부미(伊藤博文)와 외무대신 무쓰 무네미쓰(陸奥宗光)로 하여금 이홍장과 시모노세키(下關)에서 담판(談判)하게 하여, '조선의 독립을 인정할 것', '랴오둥반도와 타이완·펑후섬을 일본에 양도할 것', '전쟁배상금 2억량(약 3억 엔)을 지불할 것' 등을 청나라에게 약속받고 강화(講和)하기로 하였습니다. 이것이 메이지 28년(서기1985) 4월의 일로, <시모노세키조약(下關條約)>이라고 합니다. 그런데 러시아, 독일, 프랑스 3국은 일본이 랴오둥반도를 차지하는 것이 동양평화에 해를 끼친다 하여, 랴오둥반도를 청나라에 돌려주도록 권했습니다. 일본은 국내외의 형세를 고려하여 그 권고를 받아들이고 랴오둥반도를 청나라에 돌려주었습니다. 그 후 조선은 국호를 한(韓)으로 개칭하였고, 일본은 이를 도와서 여러 가지 정치적인 일을 정비하게 하였습니다. 타이완은 이미 우리 일본의 영지(領地)로 되어 있었는데, 타이완 내에 여전히 일본을 따르지 않는 자들이 있었기 때문에, 기타시라카와노미야 요시히사(北白川宮能久)친왕은 근위사단(近衛師團)의 병사를 이끌고 이들을 토벌하셨습니다. 친왕은 곳곳에서 전쟁을 치루는 동안에 병이 들어 마침내 서거하셨습니다. 이윽고 타이완은 평정되었습니다. 훗날 친왕을 타이완(臺灣)신사에 모셨습니다.

요시히사(能久)친왕 타이완(臺灣)에서 고생을 견뎌내시다

대승의 이유

청일전쟁은 근세 동양에 있어 큰 전쟁이었는데, 우리 일본은 결국 청나라를 쳐부수고, 국위를 빛내기에 이르렀습니다. 이 사이에 천황은 히로시마대본영(廣島大本營)의 협소한 곳에서 밤낮으로 모든 상황을 보고 받으

천황의 고생

시며, 군인 그리고 국민과 함께 고생하셨습니다. 이 사실을 전해들은 사람들은 모두 감격을 참지 못하였고, 출정하는 장병들은 집을 잊고 자신을 버려 충의를 나타내

온 국민이 한 마음 되다

었으며, 온 국민은 앞 다투어 이를 후원하여, 위아래가 한마음이 되어 천황과 나라를 위해 진력하였습니다. 이것이 일본이 대승리를 거둘 수 있었던 이유입니다.

6. 러일전쟁(明治三十七八年戰役)

의화단사건

러시아, 독일, 프랑스 3국은 일본에 랴오둥반도를 반환시키도록 권유하면서 청나라를 압박하였고, 러시아는 뤼순(旅順)과 다롄(大連) 등을, 독일은 자오저우만(膠洲湾)을, 프랑스는 광저우만(廣州灣) 지역을 조차(租借)하였기 때문에, 동양의 평화는 오히려 방해가 되었습니다. 그래서 청나라 사람 중에는 외국인을 싫어하는 사람이 많아져서, 마침내 폭도(暴徒)들이 일어나 기독교 회당을 불태우고 선교사를 살해하였고, 메이지 33년(서기1900)에는 청나라 관병(官兵)도 이에 가담하여 베이징에 있는 각국의 공사관을 포위하였습니다. 이에 일본을 비롯한 각국의 군대가 연합하여 베이징으로 쳐들어가서 이를 구해냈습니다. 그런 까닭에 청나라는 폭도들을 벌하고, 연합한 각국에 배상금을 지불하여 화친을 맺었습니다. 이것을 의화단사건(北淸事變)이라 합니다. 이 사변에서 일본군은 가장 규율 바르게 용감히 싸워, 연합국을 감동시켰습니다.

러시아, 독일, 프랑스 강제로 청나라 땅을 조차하다

동양평화 방해하다

폭동이 일어나다 2560년

각국 연합군이 베이징공사관을 구해내다

러시아와 개전하다

이 의화단사건에 편승하여 러시아는 대군을 만주(滿洲)로 보내어 만주를 점령하였고, 더 나아가 한국도 위압(威壓)하려 하였습니다. 이것을 보고 우리 일본은 청나라와 한국 양국의 영토를 온전케 하고 동양평화를 보전하기 위해 영국과 동맹을 맺었고, 또 이따금 러시아와 담판(談判)하여 러시아군대를 철수시키려 하였습니다. 그러나 러시아는 이에 응하지 않았고, 점점 더 육해군을

러시아 만주를 점령하고 한국을 위협하다

영일동맹

러시아 전의
를 표하다
2564년
선전의 조칙
을 발포하다

증파하여 뤼순(旅順)의 방비를 견고히 하는 등 전의를 표했기 때문에, 메이지 37년(서기1904) 2월 일본은 어쩔 수 없이 러시아와의 국교를 단절하고, 천황은 선전(宣戰)의 조칙(詔勅)을 발포하셨습니다.

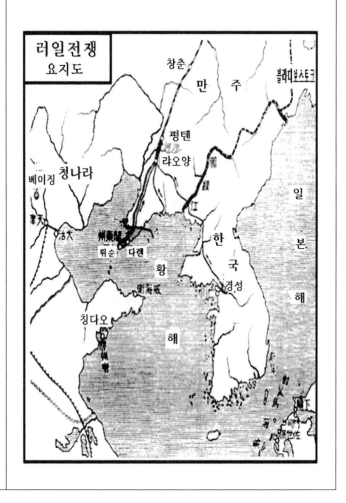

육군의 진격	일본육군은 먼저 러시아군대를 한국에서 쫓아내고, 이어서 여러 군대가 바다 건너 랴오둥벌판 여기저기에서 전투하였으며, 만주군 총사령관 육군대장 오야마 이와오(大山巖)는 이들을 집결시켜 러시아의 총사령관 크로팟킨(Aleksei Nikolaevich Kuropatkin)을 랴오양(遼陽)에서 쳐부수고, 러시아군이 본국에서 보내온 원병을 합하여 다시 남하하는 것을 맞아, 다시 사허(沙河)에서 이를 쳐부수어 크게 사기를 떨쳤습니다.
랴오양전투	
사허전투	
해군의 활동 뤼순항구의 폐쇄	이와 호응하여 일본해군은 자주 러시아 해군의 근거지인 뤼순(旅順)을 공격하고, 또 적함대의 출동을 차단하기 위해 결사대를 모집하여 3차례 항구의 폐쇄(閉鎖)를 시도하여, 거의 그 목적을 달성하였습니다. 이때 해군중령 히로세 다케오(廣瀨武夫)는 칠생보국(七生報國, 일곱 번을 다시 태어난다 해도 적을 섬멸하고 나라를 위해 일하겠다는 마음)이라는 문자를 써서 남기고, 어두운 밤에 항구로 접근하여 자신이 타고 갔던 배를 폭침(爆沈)시키고 퇴각하던 도중 적탄에 맞아 용감하게 전사하여, 오랫동안 군신(軍神)의 이름을 남겼습니다. 적함(敵艦)은 일본군의 공격에 견디기 어려워 필사적으로 항구 밖으로 도망 나와 블라디보스토크로 달아나려고 하였으나, 기다리고 있던 일본함대가 황해에서 이들을 크게 무찔렀으며, 또 우리 별동함대는 블라디보스토크함대의 출동을 발견하고, 그 함대를 울산 앞바다에서 격파하였습니다. 이때부터 해상에는 적함대의 그림자도 보이지 않게 되었습니다.
군신 히로세 다케오	
황해전투	
울산해전	
뤼순성 함락	뤼순(旅順)요새는 러시아가 동양의 근거지로 구축한 난공

노기 마레스케 뤼순을 공격하다	불락(難攻不落)의 견고한 성으로, 적장 스테셀(*Anatolii Mikhailovich Stessel*)이 이를 굳게 지켰습니다. 육군대장 노기 마레스케(乃木希典)는 육군을 이끌고 이를 압박하며 해군과 합세하여 공격했지만, 적군도 사력을 다하여 방어하였기 때문에, 이것을 쉽게 함락시킬 수가 없었습니다. 그러나 충성스럽고 용감한 우리 장병들은 죽음으로써 황은에 보답하려 결심하고 돌격에 돌격을 거듭하여, 드디어 '203고지(랴오둥반도 남단 뤼순에 있는 언덕으로 러시아와 일본의 쟁탈전에 의한 격전지였던 장소)를 점령하였으며, 항구 안에 숨어있던 적함을 모두 격침시키고, 다른 포대(砲臺)도 계속해서 점령했기 때문에,
2565년 스테셀 항복하다 천황 적을 가상히 여기다	스테셀은 힘이 다하여 이듬해인 메이지 38년(서기1905) 1월 성문을 열고 항복을 청했습니다. 천황은 스테셀이 자국을 위해 진력을 다한 충절을 가상히 여기시어, 무사의 체면을 지켜줘야 할 것이라는 뜻을 전하시고, 성 안의 장교에게는 특별히 칼을 차는 것을 허락하여 러시아로 돌아갈 수 있게 하였습니다.
펑톈회전 적군 60만	적장 크로팟킨은 사허(沙河)전투 후, 60여만의 대군을 모아서 펑톈(奉天)에 주둔하며 연패(連敗)의 수치를 만회하려 하고 있었습니다. 우리 만주군은 뤼순(旅順)의 공격군도 추가하여, 총군 약 40만으로 120킬로미터에 걸친
아군 40만	전선(戰線)을 펼치고 펑톈으로 진격하여, 3면에서 공격하여 적을 크게 쳐부수어 3월 10일 완전히 펑톈을 점령하였으며, 적병 4만여 명을 포로로 잡았습니다.

오야마(大山)대장 일행 펑톈성(奉天城)에 입성하다

일본해해전 적함대 쓰시마해협에 출현하다

이 사이에 러시아가 멀리 동아시아 쪽으로 회항시킨 38척의 대함대는 점점 다가와, 블라디보스토크로 들어가려고 5월 27일 이윽고 쓰시마(對馬)해협에 나타났습니다. 일본 연합함대사령관 해군대장 도고 헤이하치로(東鄕平八郞)는 40여척의 함대를 이끌고 러시아함대를 맞으며,

기함 미카사의 신호

기함(旗艦) 미카사(三笠)의 돛대에 '황국의 흥망이 이 일전(一戰)에 달려있다. 모두가 한층 더 분발 노력하라.'는

신호를 높이 걸었습니다. 이것을 바라본 장병(將卒)들은 용감하게 나서서 기필코 적을 전멸하려고 결심했습니다. 때마침 바람은 강하고 파도도 높았는데, 일본군은 더욱 분전(奮戰)하여 마침내 적함 19척을 격침하고 5척을 나포하였으며, 러시아 사령관을 포로로 잡아들여, 세계의 해전에 유례가 없는 대승을 거뒀습니다. 뒤이어 우리 일본 별동대는 사할린(樺太)으로 향하여 곧바로 사할린도 점령하였습니다.

유례없는 대승
별동대 사할린 점령하다

도고(東鄉)대장 기함 미카사(三笠)에서 지휘하다

육군기념일 해군기념일 포츠머스조약 루즈벨트 강화를 권하다 조약 조항 대승의 이유 천황 이세신궁에 참배하시다	이후 일본국민은 이 전쟁에서 육해군의 대승을 오랫동안 기념하기 위해, 3월 10일을 '육군기념일'로, 5월 27일을 '해군기념일'로 하여 축하의 뜻을 표하고 있습니다. 미국 대통령 루스벨트는 러일전쟁이 오랫동안 계속되고 있는 것을 우려하고 있었는데, 이제 전쟁의 대세가 이미 정해진 것을 보고 양국 사이에 서서 강화(講和)를 권했습니다. 양국은 이에 응하였고, 일본의 전권위원 외무대신 고무라 주타로(小村壽太郎) 등은 러시아의 전권위원 세르게이 유리에비치 윗테(*Сергей Юльевич Витте*) 등과 미국의 포츠머스에서 만나 담판하여, 메이지 38년(서기1905) 9월 마침내 〈포츠머스강화조약〉을 체결하였습니다. 이에 따라 러시아는 일본의 조선에 대한 특별한 관계를 인정하였고, 사할린(樺太)의 남반부를 할양하였으며, 창춘(長春)에서 뤼순(旅順)간 철도 및 청나라로부터 조차했던 관동주를 일본에 양도하였습니다. 여기에 이르러 천황은 국민의 충성을 가상히 여기고, 육해군 여러 군대의 개선을 치하하며 위로하시고, 또 우지야마다(宇治山田)시에 행차하시어, 신궁(神宮)에 평화의 회복을 알리셨습니다. 이 전쟁 역시 일본이 동양의 평화를 지키려는 정의감에서 일어난 것이기 때문에, 청일전쟁보다도 더욱 큰 전쟁이었지만, 강대국 러시아에 멋지게 승리하여 국위를 세계만방에 빛냈습니다. 이것은 오로지 천황의 위광에 의한 것이 물론이지만, 또한 교육이 국민에게 보급되어 봉공심이 더욱 강해져 거국일치하여 천황과 나라에 전력을 다했기 때문입니다.

7. 한국병합

일본은 메이지(明治) 초부터, 오로지 조선의 행복을 도모하여 먼저 수호조약을 맺었고, 이것을 열국(列國)에 공표하였습니다. 그러나 한국은 독립의 성과를 달성할 수가 없어서 항상 다른 나라에 압박당하기 일쑤여서, 동양 평화를 깨뜨릴 위험이 있었기 때문에, 일본은 <포츠머스 조약>에 따라 새로이 한국과 협약을 맺고, 한국을 일본의 보호국(保護國)으로서 조선의 외교를 관리하였습니다. 그리하여 경성(京城)에 통감부(統監府)를 설치하고 이토 히로부미(伊藤博文)를 통감(統監)으로 임명하여, 한국의 내정(內政)을 개혁하는 일에 진력하게 하였습니다.

그로부터 수년이 흘러, 한국정치는 차츰차츰 개선되었지만, 오랜 적폐는 쉽게 제거되지 않았고 민심은 더욱 불안을 면할 수가 없었습니다. 게다가 구미제국의 세력이 왕성하게 동양으로 들어옴에 따라, 국가의 이익과 국민의 행복을 완수하기 위해서는 한일양국이 합하여 하나되는 것 외에 달리 좋은 방도가 없었습니다. 원래 내지(內地, 일본)와 조선은 신대(神代) 이래 가장 친하게 왕래했던 사이로, 기후, 풍토, 인정, 풍속이 서로 매우 닮아있는데다 같은 문화를 소유하고 있기 때문에, 서로 융합하는 것도 어렵지 않은 일입니다. 그래서 한국인 중에서는 병합을 열렬히 희망하여 양국 정부에 청원하는 자가 점점 많아졌습니다. 한국황제도 역시 이 일을 생각하시고 민의(民意)를 받아들여, 메이지 43년(기원2570, 서기1910) 8월 통치권을 천황에게 양도할 것을 아뢰어,

<!-- 좌측 난외 제목 -->
한국을 보호하다
조선의 행복을 꾀하다
독립의 성과를 올리지 못하다

통감부를 설치하다

한국병합

폐정을 제거하지 못하다

구미제국의 세력이 동양에 들어오다

내선의 새로운 관계

한국황제 통치권을 천황에게 위임하다

천황 이를 받아들이다 한국을 조선으로 개칭하고 총독을 두다	일본제국의 신정(新政)에 따라 더욱더 백성의 행복이 증진되기를 원하셨습니다. 천황도 또한 병합의 필요를 인정하시고 한국황제의 청원을 받아들여서 영구히 한국을 병합하셨습니다. 그리하여 원래의 한국황제를 왕(王)으로 하고, 황족의 예로써 왕가(王家)를 대우하셨으며, 한국을 다시금 조선(朝鮮)이라 칭하고, 새롭게 총독을 두어 일체의 정무(政務)를 총괄하게 하셨습니다. 이때 내리셨던 조서(詔書)에,
민중을 사랑하시는 조칙	民衆ハ直接朕カ綏撫ノ下ニ立チテ、其ノ康福ヲ增進スヘク、産業及貿易ハ治平ノ下ニ顯著ナル發達ヲ見ルニ至ルヘシ。而シテ東洋ノ平和ハ之ニ依リテ愈愈其ノ基礎ヲ鞏固ニスヘキハ、朕ノ信シテ疑ハサル所ナリ。 (민중은 짐이 직접 돌보는 입장에서, 그 강령과 행복을 증진해야 할 것이고, 산업 및 무역은 태평한 가운데 현저한 발달을 보게 될 것이다. 그러므로 동양의 평화는 이에 의하여 드디어 그 기초가 견고히 해질 것임을 짐은 믿어 의심치 않는 바이다.)
천황의 애정	라는 말씀이 있습니다. 실로 메이지천황은 아버지가 자식을 생각하듯 깊은 애정으로 조선백성의 행복을 생각하신 것입니다.
한반도문화 진보하다	이때부터 반도의 백성은 모두 일본제국의 신민으로서, 황실의 위엄과 덕을 우러르게 되어, 동양평화의 기반은 더욱더 견고해졌습니다. 이후 교육이 보급되고, 교통과 통신은 발전하고, 산업은 발달하여, 신민의 안녕과 행복은 증진하여 멈출지를 모릅니다.

8. 메이지시대의 문화

문화의 발달

메이지천황은 <5개조 맹세문>에, "지식을 널리 세계로부터 구하여 크게 황국(皇國)의 기반을 진작시켜야 한다."고 명시하여, 국민의 개국(開國)과 진취(進取)의 대방침을 표명하셨습니다. 이때부터 우리 일본은 서양의 문물을 활발히 받아들였으며, 그들의 장점을 취하고 우리의 단점을 보완하여, 불과 40여년 사이에 교육, 교통, 통신 및 산업에 눈부실 정도의 진보 발달을 이루었습니다.

교육
학제 선포
되다

교육칙어

메이지 5년(서기1872) 처음으로 학제(學制)가 선포된 이래, 관민(官民)이 모두 교육에 힘썼으므로, 전국 도처에 각종 학교가 설립되어 교육은 크게 보급되었습니다. 특히 메이지 23년(서기1890) 10월, 황공하게도 '교육칙어'를 하사하셔서, 교육의 방침이 확립되어 더욱더 건전한 발달을 이루었습니다. 따라서 학문, 기예도 장족의 발전을 하여 드디어 구미제국의 문화를 능가할 정도가 되었습니다.

교통·통신
철도

해상교통

우편·전신·
전화

철도는 메이지 5년(서기1882) 처음으로 도쿄와 요코하마 사이에 부설되었습니다. 그로부터 점차 연장되어 전국 도처에 철도편을 볼 수 있게 되었습니다. 또 해상교통도 현저히 발전하여 국내의 여러 항은 물론, 외국 주요 항구와도 항로가 개설되어 크고 작은 선박이 끊임없이 항행하게 되었습니다. 이들 육지와 해상의 교통기관은, 우편을 비롯하여 전신, 전화 등 통신기관의 발달과 더불어, 산업과 무역의 융성을 크게 촉진시켰습니다.

산업 농업 공업 상업 문화의 진보 발달 멈출 바 를 모르다	메이지유신 이후 정부는 열심히 실업(實業)을 장려하였으므로 국내 산업은 크게 번성하였습니다. 농업은 농법의 연구와 품종개량에 의해 그 생산액을 크게 증가시켰고, 공업은 증기력과 전기력의 응용에 의해 면목(面目)을 일신하여 각종 대공업이 잇따라 발흥하였습니다. 상업도 역시 은행 등의 발달과 더불어 점차 왕성해졌으며, 무역액도 크게 증가하였습니다. 　이처럼 메이지시대에 기초를 확립한 우리 일본의 문화는, 다이쇼(大正)시대를 거쳐 쇼와(昭和)시대인 오늘날에 이르러 더욱더 진보 발달하여 멈출 바를 모릅니다.
천황의 붕어 2572년 병에걸리셔다 국민들 열심 히 쾌차를 기 원하다 국민의 슬픔	## 9. 천황의 붕어(崩御) 　메이지유신 이래 일본의 문화는 해마다 개화되고 국운은 나날이 번창해졌습니다만, 뜻하지 않게 천황은 메이지 45년(서기1912) 7월, 병에 걸리셨습니다. 그 소식을 들은 국민의 놀라움은 비할 데 없었고, 온 국민은 앞 다투어 오직 쾌차하시기만을 빌었습니다. 특히 궁성(宮城) 정문 밖 광장에는 수없이 많은 신민(臣民)이 모여들어, 땅에 무릎을 꿇고 황거(皇居)에 요배하며 날이 새도록 쾌유를 기원하였습니다. 그럼에도 천황의 병세는 더욱 위중해져, 같은 달 30일 마침내 붕어하셨습니다. 향년 61세의 나이로, 국민의 슬픔은 말로 표현하기 어려웠고 세계열국도 또한 마찬가지로 이를 애석하게 생각하였습니다.

국민들 메이지(明治)천황의 쾌유를 기원하다

천황의 위업 국내를 다스리다	천황은 어리신 몸으로 국가위기의 시기에 즉위하시어, 모든 정사를 총괄하시기를 실로 46년, 유신의 대업을 펼치시고부터 안으로는 헌법을 선포하시고, 법제(法制)를 정비하였으며 교통, 산업을 비롯한 모든 사업을 진행하였고, 또 '교육칙어'를 하사하여 국민을 인도하셨으며,
외국과 교류하다	밖으로는 국위를 해외에 빛내시고, 여러 외국과 더욱더 친분을 두텁게 하여 일본을 세계에서 가장 제국답게 만드셨습니다.
천황의 인자함	천황은 언제나 몸소 검약을 지키셨고, 또 자애로운 마음이 깊으셔서 아침저녁으로 오로지 만민을 위해 마음을 쓰셨습니다.

국장 후시미모모 야마의 능 쇼켄황태후 서거 2574년 후시미모모야 마 동쪽 능 황태후의 고 매한 덕 메이지신궁	照るにつけ 曇るにつけて 思ふかな わが民草の 上はい かにと (날이 좋으나 궂으나 생각하시는 것은, '우리 국민의 생활은 어떨까?'하는 것뿐이로다) 천황이 지으신 이 노래를 보아도, 실로 백성을 사랑하시 는 마음을 미루어 짐작할 수 있습니다. 　천황이 붕어하신 날, 제123대 다이쇼천황이 바로 즉 위하셔서 연호를 다이쇼(大正)로 바꾸시고, 그해 9월 메 이지천황의 장례를 치르시어 후시미모모야마(伏見桃山) 의 능에 모시었습니다. 　메이지천황의 큰상(大喪)을 당하여 국민의 슬픔이 아 직 가시지 않은 중에, 쇼켄(昭憲)황태후 역시 병에 걸리 시어, 다이쇼 3년(서기1914) 4월 돌아가셨습니다. 후시미 모모야마(伏見桃山) 동쪽 능에 모셔졌습니다. 황태후는 메이지천황의 황후로서 천황을 도우신 공적이 많았으며, 특히 인자한 마음이 깊으셔서, 자주 학교 또는 병원 등 에 행차하시어 학예(學藝)를 권하고 자선사업에 힘쓰셨 기 때문에, 국민은 모두 그 높은 덕을 기렸습니다. 　도쿄 요요기(代々木)의 메이지(明治)신궁에는, 메이지 천황과 쇼켄황태후를 모셔두고 있습니다.

메이지(明治)신궁

국민 인자
함과 덕을
기리다
메이지절

국민은 오랫동안 두 분의 인자함과 덕을 기려 신궁 (神宮)과 능에 참배하는 자가 연중 끊이지 않습니다. 또 메이지천황께서 탄생하신 11월 3일을 메이지절(明治節) 로 하여 천황의 은덕을 우러르며, 메이지시대의 번영을 경축해 올리고 있습니다.

제51 다이쇼(大正)천황

다이쇼(大正)천황은 메이지천황의 세 번째 황자(皇子)이십니다. 메이지천황과 쇼켄황태후의 료안(諒闇, 상복을 입는 기간)을 마치시고, 다이쇼 4년(서기1915) 11월, 교토의 황궁에서 즉위식을 올리셨습니다. 그때 내리신 칙어 안에,

皇祖皇宗國ヲ肇メ、列聖統ヲ紹キ裕ヲ垂レ、天壤無窮ノ
神勅ニ依リテ、萬世一系ノ帝位ヲ傳へ、神器ヲ奉シテ八
洲ニ臨ミ、皇化ヲ宣ヘテ蒼生ヲ撫ス。爾臣民世世相繼
キ、忠實公ニ奉ス。義ハ則チ君臣ニシテ、情ハ猶ホ父子
ノコトク、以テ萬邦無此ノ國體ヲ成セリ。

(황조황종(皇祖皇宗)께서 나라를 여시고, 열성조의 통치를 계승하시어, 천양무궁의 신칙(神勅)에 의하여, 만세일계의 제위를 전하시고, 신기(神器)를 받들어 일본에 강림하시어, 황화(皇化)를 선포하시고 창생(蒼生)을 위무하시는 도다. 그대들 신민이 세세(世世)에 이어서, 충실(忠實)하게 봉공할지니라. 의(義)는 즉 군신(君臣)으로서, 정(情)은 더욱이 부자(父子)와 같이하여 세계만방에 비할 바 없는 국체의 정화를 이루리라.)

라는 말씀이 있습니다. 실로 현명하기 그지없는 말씀입니다.

다이쇼 3년(서기1914) 7월, 유럽에 전쟁이 발발하였는데, 독일, 오스트리아, 헝가리는 러시아, 프랑스, 영국 등

의 여러 나라와 전쟁을 시작하였고, 나중에는 이탈리아, 미국 등도 이에 가세하여 마침내 세계에 유례없는 큰 전쟁이 되었습니다.

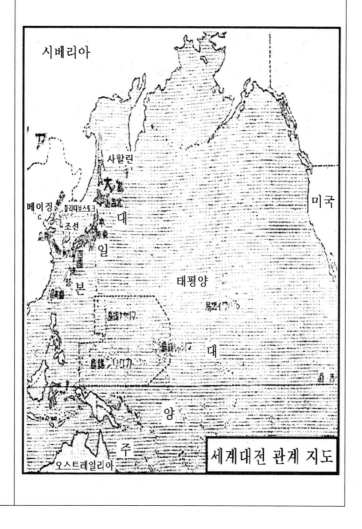

세계대전 관계 지도

자오저우만을 뺏다	이 전쟁이 발발하자, 독일은 자오저우만(膠州灣)에 웅거하여 전쟁준비를 하였습니다. 우리 일본은 영국과의 우호동맹을 중시하는 한편 동양평화를 유지하기 위해, 어쩔 수 없이 동년 8월, 독일에 선전포고한 후, 일본해군은 자오저우만을 봉쇄하고, 육군은 배후에서 칭다오(靑島)를 공격했습니다. 일본군은 천황의 취지를 전하고
비전투원을 구출해내다	비전투원을 구출해낸 후, 총공격을 감행하여 11월 요새를 함락시키고, 적군을 항복시켰습니다.

남양군도를 점령하다	이 사이에 우리 일본 함대(艦隊)의 일부는 멀리 남양에 이르러 독일령인 마샬, 마리아나, 캐롤라인 등 여러 섬을 점령하여 적함의 근거지를 전복시키고, 남태평양(南洋)의 여러 섬들에 일장기(日章旗)를 높이 휘날렸습니다.
인도양과 지 중해에 출동 하다	더욱이 우리 일본함대는 아득히 먼 인도양, 지중해 등에까지 출동하여 영국, 프랑스, 이탈리아 등을 도왔으며, 독일의 함정(艦艇)으로부터 각국의 상선 등을 호위(護衛)하는 등 여러 가지 난관을 견디며 용감하게 활동하였습니다.

파리강화회의

평화조약 체결하다 2578년 국제연맹 5대국 남양군도를 통치하다 **워싱턴회의** 2581년 해군의 군비 를 제한하다 태평양 영지 에 관한 조약 **황태자가 섭 정을 맡다** 구미 각국을 순방하시다	이 대전은 5년간 지속되었는데, 다이쇼 7년(서기1918) 독일은 전력이 다하여 화친을 청하였습니다. 이에 각국의 전권위원은 프랑스의 파리에 모여서 의논하여 이듬해인 다이쇼 8년(서기1919) 6월 평화조약을 맺었으며, 또 별도로 국제연맹(國際聯盟)을 조직하여, 서로 협력하여 세계 평화를 완수할 것을 도모하였습니다. 이때 일본은 사이온지 긴모치(西園寺公望) 등을 파견하여 영국, 미국, 프랑스, 이탈리아 등과 함께 5대국의 일원으로서 주요 회의에 참석하였습니다. 그리하여 국제연맹으로부터 독일령이었던 남양 여러 섬의 통치권을 위임받았습니다. 이 대전에 의해 각국이 모두 전쟁을 피하고 평화를 원하게 되었으므로, 다이쇼 10년(서기1921) 미국은 일본, 영국, 프랑스, 이탈리아 및 중국 등의 참가를 요청하여, 워싱턴에서 군비(軍備)에 관한 회의를 개최하였습니다. 일본에서는 해군대신(海軍大臣) 가토 도모사부로(加藤友三郎) 등을 파견하여 영국, 미국, 프랑스, 이탈리아 등과 함께 각각 해군의 군비를 제한할 것을 정하였고, 또 일본, 영국, 미국, 프랑스 4개국은 태평양방면에서 각자의 영지(領地)에 관한 권리를 유지(維持)할 목적으로 조약을 맺었습니다. 이에 따라 오랫동안 지속되던 영일동맹(英日同盟)은 폐지되었습니다. 이보다 앞서 황태자 히로히토(裕仁)친왕은 멀리 유럽으로 향하시어 각국을 순방하시고, 친히 대전 후의 현황을 시찰하시고 돌아오셨습니다. 때마침 황송하게도 천황은 병이 장기화되어 친히 정무(大政)를 보실 수 없게 되

천황의 붕어 2586년 다마의 능	었으므로, 다이쇼 10년(서기1921) 11월, 황태자 히로히토 친왕이 섭정을 하시게 되어, 천황을 대신하여 정무를 보시게 되셨습니다. 　천황은 오로지 요양에 힘쓰셨습니다만, 병은 점점 위중해지셔서, 국민이 열렬히 기원한 보람도 없이 다이쇼 15년(서기1921) 12월 25일, 황송하게도 48세를 일기로 붕어하셨습니다. 뒤이어 다마(多摩)의 능에 장사되었습니다.

다이쇼(大正)천황 조선을 시찰하시다

천황의 성덕 조선을 시찰 하시다	천황은 메이지천황의 위업을 이어받아 안으로는 헌정(憲政)의 진보를 꾀하고, 밖으로는 제국의 위신을 드높이셔서, 세계의 평화와 인류의 행복을 위해 밤낮을 가리지 않고 진력하셨습니다. 특히 조선에는, 아직 황태자이셨을 때 친히 납시어 민정(民情)을 시찰하신 적이 있었기 때문에, 조선 통치에는 한층 깊이 마음을 쏟으셨습니다.

제52 쇼와(昭和)시대

    제124대 금상천황폐하는 다이쇼천황의 제1황자이시며, 메이지 34년(서기1901) 4월 29일에 탄생하셨습니다. 다이쇼천황 치세에 오랫동안 섭정의 대임을 맡으셨으며, 다이쇼천황의 붕어 후, 바로 즉위하셔서 연호(年號)를 쇼와(昭和)로 바꾸셨습니다.

금상천황폐하(今上天皇陛下) 즉위식을 거행하시다

즉위식 2588년	세월이 흘러 쇼와 3년(서기1928) 11월, 천황폐하는 신기(神器)를 받들고 교토로 행차하시어, 11월 10일에 신전을 배알하시고 황조(皇祖) 아마테라스 오미카미(天照大神)의 신위에 즉위의 연유를 고하셨으며, 뒤이어 시신덴(紫宸殿)에 납시어 옥좌에 오르셔서 널리 이를 신민에게 선포하시고, 황공하게도 칙어(勅語)를 하사하셨습니다. 그 중에,
칙어를 하사 하다	
	皇祖皇宗國ヲ建テ民ニ臨ムヤ、國ヲ以テ家ト爲シ、民ヲ視ルコト子ノ如シ。列聖相承ケテ仁恕ノ化下ニ洽ク、兆民相率ヰテ敬忠ノ俗上ニ奉シ、上下感孚シ、君民體ヲ一ニス。是レ我カ國體ノ精華ニシテ、當ニ天地ト並ヒ存スヘキ所ナリ。 (황조황종(皇祖皇宗)께서 나라를 세우시고 백성에 임하실제, 나라를 가정처럼 이루시고, 백성을 자식처럼 여기셨다. 열성(列聖)을 대대로 이어받아 인자한 자비로움을 아래로 두루 펼치시어 모든 백성을 이끌고, 공경하고 충성하는 풍속을 받들어, 상하 모든 사람이 그 진정성에 감화되어, 천황과 백성이 하나 됨이라. 이는 우리 국체의 정화로서, 실로 천지와 함께 존재함이라.)
대상제	라는 존귀한 말씀이 있습니다. 국민은 감격하여 모두 만세를 제창하며 축하하였습니다. 뒤이어 대상제(大嘗祭)를 거행하시어, 천황께서 몸소 천지의 여러 신들께 제사를 지냈습니다.

일본의 현황 2590년 런던회의 만주 및 상해 사변 만주국 발흥 하다 일만조약 국민의 각오	현 시점에서 우리 일본과 열국(列國)과의 관계는 오직 평화입니다. 쇼와 5년(서기1930) 영국 런던에서 열린 해군 군비축소회의에 우리 일본은 다시 사신을 파견하여 영국, 미국 양국과 상담케 하여 함께 해군력을 제한하기로 하여, 오로지 세계평화를 위하여 진력했습니다. 쇼와 6년(서기1931)에서 쇼와 7년(서기1932)에 걸쳐 만주의 도처에 군대와 비적이 일어나, 일본의 권익을 위협하고 만주체재 일본인에게 위해(危害)를 가했기 때문에, 군대를 보내어 이를 소탕하였고, 또 쇼와 7년(1932) 상하이(上海)에서도 폭동이 일어나, 우리 일본 거류민(居留民)의 생명과 재산을 위협하였으므로, 그 보호차원에서 군대를 보내어 이를 진압하였습니다. 특히 만주는 우리 일본의 생명선입니다. 이 생명선이 항상 소동으로 인해 위협받는 것은 우리 일본이 참기 어려운 일입니다. 이따금 만주(滿洲)와 러허(熱河)의 주민들은 다년간의 폭정(暴政)으로부터 벗어나기 위해 쇼와 7년(서기1932) 3월, 새롭게 만주국(滿洲國)을 세웠습니다. 그리하여 우리 일본과의 선린관계를 굳건히 하고, 동양평화를 확보할 목적으로 조약을 맺고, 양국이 공동으로 치안(治安)을 도모하여 외적(外敵)을 방위하기로 하였습니다. 여기에서 비로소 만주와 몽골에서의 종래의 화근은 제거되었고, 동양평화의 기초가 확립되었습니다. 　오늘날 우리 일본은 강대국의 하나로서, 세계에서 중요한 지위를 차지하고 있습니다. 이것은 실로 역대천황의 성덕과 대대로 국민의 충성(忠誠)에 의한 것입니다.

우리들은 국운 발전의 유래를 분명히 잘 이해하여 함부로 구래의 폐습에 휘둘리지 말고, 국민전체가 융합하고 협력하여 오직 천황폐하의 은덕을 우러르며 더욱더 국가의 부강을 꾀하고, 나아가 세계평화를 위하여 진력을 다하여, 우리 국사(國史)에 한층 더 광휘(光輝)를 더하지 않으면 안 됩니다.

『보통학교국사』 권2 끝

연 표

대	천황	기원	연호	적 요
105	고나라(後奈良)천황	2203	덴몬(天文) 12年	포르투칼 사람이 처음으로 들어왔다.
		2209	18年	기독교가 처음 전해졌다.
106	오기마치(正親町)천황	2220	에이로쿠(永祿) 3年	오다 노부나가(織田信長) 이 마가와 요시모토(今川義元)를 참수하였다.(桶狹間の戰)
		2227	10年	노부나가 칙명을 받들다.
		2228	11年	노부나가 요시아키를 받들어 모시고 교토로 들어갔다.
		同	겐키(元龜) 元年	이퇴계 사망하였다.(조선 선조 3년)
		2233	덴쇼(天正) 元年	아시카가장군 사망하였다.
		2236	4年	노부나가 아즈치성(安土城)을 구축하였다.
		2242	10年	노부나가 사망하였다.
		2243	11年	도요토미 히데요시(豐臣秀吉) 오사카성(大坂城)을 구축하였다.
		2244	12年	이율곡 사망하였다.(조선 선조 17년)
		2245	13年	히데요시 관백에 임명되었다.
107	고요제이(後陽成)천황	2248	16年	히데요시 천황을 주라쿠다이(聚樂第)로 초청하여 모셨다.
		2250	덴쇼(天正) 18년	히데요시 호조가문을 멸망시키고 전국을 평정하였다.
		2252	분로쿠(文祿) 元年	히데요시 조선에 출병시켰다.

대	천황	기원	연호	적 요
107	고요제이(後陽成)천황	2256	게이초(慶張) 元年	히데요시 명나라 사신을 오사카 성으로 불러들였다.
		2257	2年	히데요시 다시 조선에 군사를 출병시켰다.
		2258	3年	히데요시 사망하였다.
		2260	5年	도쿠가와 이에야스(德川家康) 이시다 미쓰나리(石田三成)를 쳐부수었다.(關原の戰)
		2263	8年	이에야스 정이대장군에 임명되었다.
		2269	14년	이에야스 네덜란드인에게 통상을 허락하였다.
108	고미즈노오(後水尾)천황	2273	18年	이에야스 영국인에게 통상을 허락하였다.
		2275	겐나(元和) 元年	도요토미가문 멸망하였다.
		2276	2年	이에야쓰 사망하였다.
109	메이쇼(明正)천황	2290	간에이(寬永) 7年	도쿠가와 이에미쓰(德川家光) 서양서적 수입을 금지하였다.
		2296	13年	이에미쓰 국민의 외국 도항을 금지하였다.
		2297	14년	규슈의 기독교인들이 난을 일으켰다.(島原の亂)
		同	同年	조선 청나라에 복속되었다.(조선 인조 14년)
		2299	16年	이에미쓰 네덜란드인을 제외하고 서양인의 출입을 금지하였다.
110	고코묘(後光明)천황	2314	쇼오(承應) 3年	천황 승하하셨다.
111	고사이(後西)천황	2317	메이레키(明曆) 3年	도쿠가와 미쓰쿠니(德川光圀) 『다이니혼시(大日本史)』 편찬을 시작했다.

대	천황	기원	연호	적 요
113	히가시아먀(東山)천황	2350	겐로쿠(元祿) 3年	도쿠가와 쓰나요시(德川網吉) 공자의 사당을 에도 유시마(湯島)에 건립하였다.
			호에이(寶永) 6年	아라이 하쿠세키(新井白石) 황족출가 관습을 중지해달라고 막부에 신청하였다.
114	나카미카도(中御門)천황	2371	쇼토쿠(貞德) 元年	막부 하쿠세키의 의견을 받아들여 조선사절 접대법을 개선하였다.
		2375	5年	막부 하쿠세키의 의견을 받아들여 외국무역을 제한하였다.
		2380	교호(亨保) 5年	요시무네 서양서적 수입금지를 완화하였다.
		2382	7年	요시무네 검약을 명령하였다.
		2385	10年	영조(英祖) 조선왕위에 즉위하였다.
118	고모모조노(後桃園)천황	2437	안에이(安永) 6年	정조(正祖) 왕위에 즉위하였다.
119	고카쿠(光格)천황	2447	덴메이(天明) 7年	마쓰다이라 사다노부(松平定信) 막부에 중용되었다.
		2448	8年	사다노부 황거조영을 명받았다.
		2452	간세이(寬政) 4年	하야시 시헤이(林子平) 처벌받았다.
		同	同年	러시아 사절이 처음으로 들어왔다.
		2453	간세이(寬政) 5年	사다노부 이즈(伊豆)와 사가미(相模)해안을 순시하였다.
		同	同年	다카야마 히코쿠로(高山彦九郎) 자살하였다.
		2458	10年	모토오리 노리나가(本居宣長) 『고지키덴(古事記傳)』을 저술하였다.

대	천황	기원	연호	적 요
119	고카쿠(光格)천황	2466	분카(文化) 3年	러시아인 사할린(樺太)에 쳐들어왔다.
		2468	5年	영국함대 나가사키(長崎)를 소란스럽게 하였다.
120	닌코(仁孝)천황	2485	분세이(文政) 8年	막부 외국배를 격침하라는 명을 하달하였다.
		2499	덴포(天保) 10年	와타나베 가잔(渡辺華山)과 다카노 조에이(高野長英)가 처벌당하였다.
121	고메이(孝明)천황	2506	고카(弘化) 3年	천황 황위에 즉위하셨다.
		2512	가에이(嘉永) 6年	미국 사절 페리가 왔다.
		2514	안세이(安政) 元年	막부 미국과 화친조약을 체결하였다.
		2518	5年	막부 미국과 통상조약을 체결하였다.
		2519	6年	도쿠가와 나리아키(德川齊昭) 등이 연금당하고, 요시다 쇼인(吉田松陰) 등이 살해되었다.
		2520	만엔(萬延) 元年	이이 나오스케(井伊直弼)가 살해되었다.
		2522	분큐(文九) 2年	천황 산조 사네토미(三條實美)로 하여금 막부에 양이를 촉구하게 하였다.
		2523	3年	천황 가모(賀茂)신사에 행차하셨다.
		同	분큐(文九) 3年	나가토번(長門藩) 시모노세키에서 외국배를 포격하였다.
		同	同年	이태왕(고종) 왕위에 즉위하였다.
		2524	겐지(元治) 元年	막부 조슈(長州)를 정벌하였다.
		2526	게이오(慶應) 2年	막부 조슈(長州)를 재차 정벌하였다.
		同	同年	천황 승하하셨다.

대	천황	기원	연호	적 요
122	메이지(明治)천황	2527	3年 正月	메이지천황 황위에 즉위하셨다.
		同	10月	도쿠가와 요시노부(德川慶喜) 대정봉환 하였다.
		同	12月	천황 왕정복고의 명을 발포하셨다.
		2528	메이지(明治) 元年 正月	요시노부군대를 토벌하였다.(토바·후시미 전투)
		同	同	외국과 화친의 교지를 명하셨다.
		同	3月	<5개조 맹세문(誓文)>을 하달하셨다.
		同	4月	에도성을 수습하였다.
		同	7月	에도(江戶)를 도쿄(東京)로 개칭하였다.
		同	10月	도쿄로 행차하셨다.
		同	12月	교토로 환행하여 황후를 세우셨다.
		2529	2年 正月	조슈, 사쓰마, 히젠, 도사 등 4개 번(藩)의 토지와 백성을 봉환할 것을 아뢰었다.
		同	3月	도쿄에 재차 행차하셨다.
		同	5月	국내를 완전히 평정하였다.
		同	6月	4개 번(藩)의 청을 허락하셨다.
		2530	3年 閏10月	처음으로 조약국에 공사(公使)를 두었다.
		2531	4年 7月	번(藩)을 폐지하고 현(縣)을 설치하셨다.
		同	10月	이와쿠라 도모미(岩倉具視) 등을 구미 여러 나라에 파견하였다.
		2532	5年 8月	학제를 제정하셨다.
		2533	6年 1月	징병령을 선포하셨다.
		同	10月	정한론이 무산되어 사이고 다카모리(西鄕隆盛) 등이 관직을 사임하였다.

대	천황	기원	연호	적 요
122	메이지(明治)천황	2535	메이지(明治) 8年 6月	처음으로 지방관회의를 개최하였다.
		2536	9年 2月	처음으로 조선과 수호조약(강화도조약)을 체결하였다.(고종 13년)
		2537	10年 2月	사이고 다카모리 등을 토벌하셨다.(세이난전쟁)
		2539	12年 3月	처음으로 부현회(府縣會)를 개최하셨다.
		同	8月 31日	다이쇼천황 탄생.
		2541	14年 10月	국회개설을 명하셨다.
		2545	18年 4月	텐진조약(天津條約)이 체결되었다.
		同	12月	내각제가 제정되었다.
		2548	21年 4月	지방자치제(市制町村制)가 시행되었다.
		2549	22年 2月 11日	제국헌법과 황실전범이 발포되었다.
		2550	23年 10月 30日	교육칙어가 하달되었다.
		同	11月	제1회 제국의회가 개최되었다.
		2554	27年 7月	일본군함이 풍도(豐島)앞바다에서 청나라군함과 싸웠다.
		同	8月	청나라와의 전쟁을 선포하였다.
		2555	27年 4月	시모노세키조약이 체결되었다.
		同	10月	타이완이 거의 평정되었다.
		同	11月	랴오둥반도를 청나라에 반환하였다.
		2560	33年 8月	열국연합군 베이징으로 쳐들어갔다.
		2561	34年 4月 29日	금상천황폐하 탄생.
		2562	35年 1月	영국과 동맹을 맺었다.
		2564	37年 2月	러시아와의 전쟁을 선포하였다.

대	천황	기원	연호	적 요
122	메이지(明治)천황	2565	메이지(明治) 38年 1月	뤼순(旅順)의 요새가 함락되었다.
		同	3月 10日	펑톈(奉天)전투
		同	5月 27·8日	일본해해전
		同	9月	포츠머스조약이 체결되었다.
		同	11月	한국과의 협약(을사늑약)이 체결되었다.
		2570	43年 8月	한국병합
		2572	45年 7月 30日	천황이 승하하셨다.
123	다이쇼(大正)천황	同	다이쇼(大正) 元年 7月 30日	천황 황위를 계승하셨다.
		同	9月	메이지천황의 국장의례를 거행하셨다.
		2574	3年 4月	쇼켄황태후 승하하셨다.
		同	7月	제1차 세계대전이 발발하였다.
		同	8月	독일과의 전쟁을 선포하였다.
		同	11月	칭다오(靑島)의 요새가 함락되었다.
		2575	4年 11月 10日	즉위의 예를 올리셨다.
		2579	다이쇼(大正) 8年 6月	평화조약이 체결되었다.
		2581	10年 3月	황태자 유럽 순방 장도에 오르시었다.
		同	9月	황태자 유럽 순방을 마치고 귀국하셨다.
		同	11月	워싱턴회의가 개최되었다.
		同	10月 25日	황태자 섭정을 맡으셨다.
		2582	11年 2月	워싱턴회의가 폐회되었다.
		2586	15年 12月 25日	천황이 승하하셨다.

대	천황	기원	연호	적 요
124	금상(今上)천황	2586	쇼와(昭和) 元年 12月 25日	천황 황위를 계승하셨다.
		2587	2年 2月	다이쇼천황의 국장의례를 거행하셨다.
		2588	3年 11月 10日	즉위의 예를 올리셨다.
		2590	5年 10月	런던조약을 비준하셨다.

昭和八年三月二十二日翻刻印刷
昭和八年三月二十五日翻刻發行

國史 二 点
定價金二十錢

著作權所有

著作兼發行者 京城府元町三丁目一番地 朝鮮總督府

翻刻發行印刷者 京城府元町三丁目一番地 朝鮮書籍印刷株式會社
代表者 井上主計

發行所 京城府元町三丁目一番地 朝鮮書籍印刷株式會社

▶ 찾아보기

역자소개(원문서)

김순전 金順槇

소속 : 전남대 일문과 교수, 한일비교문학·일본근현대문학 전공

대표업적 : ① 논문 : 「근대 한일 초등교과서와 문학 연구」, 『日本語文學』제77집, 한국
　　　　　　　　일본어문학회, 2018년 6월
　　　　　② 저서 : 『일본의 사회와 문화』, 제이앤씨, 2006년 9월
　　　　　③ 저서 : 『한국인을 위한 일본소설개설』, 제이앤씨, 2015년 8월
　　　　　④ 저서 : 『한국인을 위한 일본문학개설』, 제이앤씨, 2016년 3월
　　　　　⑤ 저서 : 『경향소설의 선형적 비교연구』, 제이앤씨, 2014년 12월
　　　　　⑥ 저서 : 『제국의 역사 지리 연구－조선총독부 歷史 地理를 중심으로』, 제
　　　　　　　　이앤씨, 2017년 3월
　　　　　⑦ 저서 : 『한국인을 위한 일본문학 감상』, 제이앤씨, 2018년 2월

박경수 朴京洙

소속 : 전남대 일문과 강사, 일본근현대문학 전공

대표업적 : ① 논문 : 「식민지 神道政策과 祭神의 의미－조선총독부 편찬 <歷史>교과서
　　　　　　　　를 중심으로」, 『일본어문학』제74집, 일본어문학회, 2016년 8월
　　　　　② 논문 : 「일제강점기 역사교육과 和歌의 상관성 고찰－1920~30년대 초등학교
　　　　　　　　<歷史>교과서를 중심으로」, 『일본어문학』제73집, 한국일본어문학
　　　　　　　　회, 2017년 6월
　　　　　③ 저서 : 『정인택, 그 생존의 방정식』, 제이앤씨, 2011년 6월

사희영 史希英

소속 : 전남대 일문과 강사, 한일 비교문학 일본근현대문학 전공

대표업적 : ① 논문 : 「일제강점기 초등학교 地理교과서의 변화 考察」, 『일본어문학』
　　　　　　　　제67집, 한국일본어문학회, 2015년 12월
　　　　　② 저서 : 『『國民文學』과 한일작가들』, 도서출판 문, 2011년 9월
　　　　　③ 편역서 : 『잡지 『國民文學』의 시 세계』, 제이앤씨, 2014년 1월

조선총독부 편찬 초등학교 <歷史>교과서 번역(上)

초판인쇄 2018년 8월 15일
초판발행 2018년 8월 30일

편 역 자 김순전 · 박경수 · 사희영 공역
발 행 인 윤석현
발 행 처 제이앤씨
등록번호 제7-220호
책임편집 박인려

우편주소 01370 서울시 도봉구 우이천로 353, 3층
대표전화 (02) 992-3253(대)
전   송 (02) 991-1285
전자우편 jncbook@daum.net
홈페이지 www.jncbms.co.kr

ISBN 979-11-5917-115-4 (94910)   정가 24,000원
      979-11-5917-114-7 (세트)